真假孔子

陈琦萍／著

人民东方出版传媒
東方出版社

图书在版编目（CIP）数据

真假孔子 / 陈琦萍 著 . — 北京：东方出版社，2016.5

ISBN 978-7-5060-9025-4

Ⅰ.①真… Ⅱ.①陈… Ⅲ.①儒家②《论语》—研究 Ⅳ.① B222.25

中国版本图书馆 CIP 数据核字（2016）第 099392 号

真假孔子

（ZHENJIA KONGZI）

作　　者：陈琦萍

责任编辑：贺　方　王　萌

出　　版：东方出版社

发　　行：人民东方出版传媒有限公司

地　　址：北京市东城区东四十条 113 号

邮政编码：100007

印　　刷：北京京都六环印刷厂

版　　次：2016 年 6 月第 1 版

印　　次：2016 年 6 月第 1 次印刷

开　　本：710 毫米 ×1000 毫米 1/16

印　　张：16.25

字　　数：200 千字

书　　号：ISBN 978-7-5060-9025-4

定　　价：39.00 元

发行电话：（010）85924663　85924644　85924641

推荐序

为孔子正名

当今“国学热”再度兴起，祭孔大典声势浩大、孔子学院遍布全球、高等学府增设国学专业、中小学课本恢复国学内容、民办国学堂如雨后春笋。但仍有很多人对国学抱有深深成见，认为孔子和国学愚昧守旧，与现代社会格格不入，甚至认为这是造成中国近代落后挨打的主要原因。

就此疑惑，我向一生践行孔子之道的陈琦萍老先生请教。86 岁的陈老历经磨难，以追随大了之道为一生的志业，已出版三本关于《论语》与人生的著作。陈老直指僵化教条的腐儒形象不是真孔子，当代砸烂“孔家店”全盘西化并不能使中国强大。陈老新著《真假孔子》，以“真孔子”39 章、“假孔子”8 章详加辨析，正是为了纠正社会各界对儒学的无知偏见，还原一个真实的孔子，为孔子正名。

以孔子为师，陈老几十年来好学不辍并兼缜密考据，寻找源头活水，正本清源，令人钦佩。辨真伪、识正道，这不是单纯的学术考究，而是关乎我们民族文化的自信和认同。在社会转型、价值观迷失的今天，无论是对于个人研习国学，还是对于国家找回文化自信，弘扬传统文化，陈老这部著作都有着深远的意义。

一、“假孔子”从何而来?

今天大众所认识的孔子，其实很多时候是被乔装打扮、被曲解的“假孔子”。陈老在书中以详实理据，道出2500年来由“真孔子”到“假孔子”的演变过程和历史成因。这里既有早期弟子们记述理解的偏差造成的盲人摸象、以偏概全，更有历史上数次大的思想浩劫对孔子思想进行的系统化曲解和变造。

孔子思想浩劫之一：

陈老系统梳理了孔子思想在历史上遭遇的几次重大浩劫，首当其冲的是秦始皇的“焚书坑儒”。暴虐的秦王反人性、反文化、反孔子、反社会，不仅毁弃典籍，更从肉体上虐杀儒生，实行礼崩乐坏的恐怖暴政。

孔子思想浩劫之二：

“罢黜百家，独尊儒术”的西汉大儒董仲舒变造出偏离中庸的“三纲五常”。董借儒家学说助汉武帝统一政治和思想，第一次确立了儒家的正统地位，并提升到国家哲学的高度，还具体落实到国家和社会的制度安排，被认为是中华帝国核心制度的总设计师。但因其维护封建皇权统治的功利目的，很多论述偏离孔子的中庸之道，提倡愚忠的“三纲五常”等“假孔子”之名而谬种远播。

孔子思想浩劫之三：

因宋太祖赵匡胤“重文轻武”，从此中华少男儿。得天下后，为加强中央集权，防治兵变篡位，杯酒释兵权、先解卧榻之患，继之，君主专制、世袭集权。为防日后武官造反，贱武重文，孔孟之道逐渐蜕变为程朱理学，从此儒生文弱，坐而论道。可悲富为天下第一的大宋王朝，竟惨遭蒙元屠灭，“崖山之后无中国”。

孔子思想浩劫之四：

“八股文”是读书人的鸦片。“八股文”是封建政治配套的教育制度，虽有利于社会公平选拔，但其食古不化的文字游戏、僵化空洞的教条，束缚了读书人的思想，扼杀了时代创新。明末思想家顾炎武称“八股文”之害，甚于“焚书坑儒”。

孔子思想浩劫之五：

到了当代，从器物到变法的失败，国人开始对儒家文化失去了自信，将中国落后挨打归结于“腐朽僵化”的孔孟儒学，甚至借“反封建”之名出现了极端的反传统文化风潮，打倒“孔家店”、“批林批孔运动”等。

综上所述，因历代政治和统治需要，对孔子及学说的歪曲和假用荼毒深远，造成儒学固有精神的丧失。真孔子隐，假孔子出。不仅典籍、思想被曲解，甚至孔门后裔也上演“血疑”，有报道说，据最新

DNA 族谱分析，曲阜孔家竟有一支为蒙古血统，难道当年蒙元扶植假北宗衍圣公的公案是真？

二、为孔子正名

1. 中国近代落后挨打不是孔子的错

儒家文化引领中国世界第一长达 2000 余年，落后挨打只在近百年。究其原因，是中国在农耕文明向工业文明转型中落伍了，进而在国际竞争和现代战争中节节败退。这是孔子儒家思想束缚造成的吗？孔子讲的是敬天爱人，是做人做事的理，与农业社会向工业社会转型并无关联。

自私守旧、内斗不团结、一盘散沙等所谓民族劣根性，与“杀身成仁”、“能执干戈以卫社稷，可无殇也”、“三军可夺帅也，匹夫不可夺志也”……这样大义凛然文武兼备的真孔子精神相去甚远。近代的满清统治、闭关锁国、保守自大、专制腐败，也是近代落后挨打的重

要原因。

2. 孔子思想推动而非阻碍社会进步

孔子是积极的改革家。“志道据德，依仁游艺”，以发扬仁德为己任，面对礼崩乐坏、人心不古、五伦混乱、社会动荡，他周游天下，戮力宏道。“周虽旧邦，其命维新”，孔子信而好古、尊先王之法，言必称尧舜，但他不是复古僵化的腐儒，而是自强不息、积极进取、托古改制的改革家。

孔子思想是推动社会进步的力量。许多成就卓著的学者、大师都深受儒家文化影响；在当代企业家中，日本“经营之圣”稻盛和夫，以儒家智慧开创了三家世界500强企业；20世纪以来亚洲一些国家和地区快速崛起，日本和韩国等深受儒家文化影响，已迈入世界发达国家行列。

3. 有容乃大，孔子思想生生不息

世界四大文明古国中，只有中华文明未曾中断地延续至今。宗教信仰往往具有强烈的排他性，儒家文化不同于宗教，和而不同、权变圆融、一分为三求中道的哲学，相比水火不容、二元对立的世界观更具生命力。

有容乃大，孔子创立的儒学更具包容的胸怀。历史上儒释道相融，与基督教、伊斯兰教等和谐相处，甚至蒙、满等外族入侵，也都奉孔儒为国教，日后更逐步同化，融合为今天的中华民族大家庭。

中国文化是以个人和天下为主体，从而超越了国家、种族、宗教、性别及文化的狭隘，为解决世界纷争提供了最大公约数。孔子儒学讲内求内省而非侵略性，“远人不服，则修文德以来之”，未来世界大同，中国文化有可能开辟出多元一体的新未来。世界著名大历史学家汤因比就曾预言：“世界的未来在中国，人类的出路在于中国文明。”

三、以孔子为师

1988 年全球 75 位诺贝尔奖获得者在巴黎会议上发表宣言称："如果人类要在 21 世纪生存下去，必须从 2500 年前的孔夫子那里汲取智慧。"孔子思想穿越时空，指引未来。陈老皓首穷经，辨析真伪，不是在考究，而是在铺路架桥。

陈老一生颠沛流离，少时在重庆，遭遇日寇轰炸、家灭亲亡，后滞留台湾，有幸受教于孙立人将军。困则生，历经磨难的陈老以《论语》为本，以孔子为师，数 10 年追随践行儒家文化，自觉彻悟，可谓孔夫子的超级粉丝。君子修己达人，陈老希望能将一生所悟留予世人，在完成《我与论语》、《享受论语》、《论语与生活》三本书后，又以耄耋高龄再著《真假孔子》。

困顿中，是孔子给了他点亮人生的明灯。今天的社会，在繁荣的背后也有诸多时代的暗影：金钱至上、物欲横流、道德沦丧、信仰迷失，"毒奶粉"、"毒大米"、"地沟油"等无底线事件层出不穷。如何

才能坚守内心的信仰，如何才能匡正人心，陈老以超过一个甲子的儒道修行，为我们指了一条路，那就是，以孔子为师，追寻人生的光明、力量和乐趣。

放眼当今世界，问题也不少：文明冲突、宗教矛盾、领土纷争、金融战争、恐怖主义……孔子主张"己所不欲，勿施于人"、"中庸之道"、"和而不同"、"国不以利为利，以义为利"、"王道"而非"霸道"，孔子的智慧能为纷争的世界找到共赢的善解之道。

我们再次来到时代转型的十字路口。过去我们曾因错失工业文明转型，落后挨打了上百年；今天追求物质财富，征服自然，又造成天人对立，高竞争、高耗能、高污染的发展模式难以为继，向生态文明转型已势在必行。转变发展方式、推动产业转型，不仅只是经济、科

技层面的课题，更应从文化上正本清源。追求“天人合一”，仁民爱物的儒家思想是我们的文化优势，也是孔子跨越时空，给世界的锦囊。

陈老自弱冠之年与《论语》结缘，常年研修，由生至熟，由熟而疑，不断追索，甚至发现了其中诸多文字错讹并予以订正。“《论语》是鱼，生活是水；鱼水相欢，缺一不可。”这当中的乐趣，是探求真理的智者之乐。儒学研究者大多把“仁”视为孔子思想核心，陈老则将“智慧”定为孔子思想的枢纽。

陈老以自己的生活解读诠释《论语》，与圣人为伴，从生活的常道出发，体悟安身立命的智慧，追求生命的超越，从而确立更超拔的人生价值观。今天他又以深邃感悟和严谨考据再著《真假孔子》，更具针对性和开创性，辨析真伪，洗刷蒙尘，揭示一个更真实、更值得景仰的孔子。去伪存真，善莫大焉。

在本书结尾，陈老有这样一段令人深思的诘问：“看到大陆私立国学堂在民间兴起，听到小朋友朗诵《弟子规》、《论语》，人美，音尤美，入耳即化，既欣慰又忧虑……孩子背经，是搏大人喜欢？或是洗心涤肠，心旷神怡，快乐一生？或是重蹈历史覆辙，不辨本末、轻重、是非、对错、善恶、取舍，成了下一批迂儒、书生？”

这是一个智者的忧思。去伪存真，为孔子正名，在陈老看来，是一项天赋使命。“发愤忘食，乐以忘忧，不知老之将至”，可以想见，通过这本书，陈老不仅与读者分享生机勃勃的研修心得，也必将以追求真理的赤子之心激励后学。

阳光100置业集团常务副总裁　范小冲

2016年6月，于北京

前　言

每思弟子对夫子景仰之心，肺腑之言，会不自觉浮起与孟子“孔子也。皆古圣人也，吾未能有行焉。乃所愿，则学孔子也”[①]的相同意愿。

子贡（少孔子 31 岁）曰：“仲尼不可毁也。他人之贤者，丘陵也，犹可逾焉；仲尼，日月也，无得而逾焉。人虽欲自绝，其何伤于日月乎？多见其不知量也。”（《论语·子张》）

颜渊（少孔子 30 岁）喟然叹曰：“仰之弥高，钻之弥坚，瞻之在前，忽焉在后。……”（《论语·子罕》）

有若（少孔子 43 岁）曰：“自生民以来，未有盛于孔子也。”（《孟子·公孙丑上》）

宰予（少孔子 29 岁）曰：“以予观于夫子，贤于尧、舜远矣。”（《孟子·公孙丑上》）

再回头看 1919 年五四新文化运动的“打孔英雄”又是如何评论孔子的：

① 选自《孟子·公孙丑上》

吴虞（1872—1949，曾留日）说：“孔二先生的礼教讲到极点，就非杀人吃人不成功，真是残酷极了。”①

陈独秀（1879—1942，曾留日）说：“孔子的‘三纲’、礼教，同民主、自由根本对立，不能提倡而只能废除。孔子学说不适合现代社会生活。”②

易白沙（1886—1921，留日）说：“孔子学说自身有缺陷。孔子尊君权，漫无限制，易演成独夫专政之弊；孔子讲学不许问难，易演成思想专制之弊；孔子少绝对之主张，易为人所借口；孔子但重作官，不重谋食，易入民贼牢笼。”③

古今对照，前者视夫子为圣贤、日、月；后者则视孔子为蛇蝎、中华文化退化的罪魁祸首。

为何有此天壤之别？“疑思问”（《论语·季氏》）：孰是孰非？孰真孰假？以史为鉴。

首先，我发现在孔子晚年才入门的几个年轻弟子，有些言论略嫌不够成熟、周延，让夫子受到无妄之灾，误认孔子至大至中思想亦有瑕疵。曾参以“忠恕”释夫子“吾道一以贯之”（《论语·里仁》）即是代表。

我国历史长河几个重大拐点，被来自四面八方倾倒的秽土、淤泥、杂物、硗石，互为纠结成庞然大物，堵塞了河川畅流，成了一潭死水，真孔子隐，假孔子现。

读易白沙等人对孔子的批判，我怀疑他们是否曾认真读过《论语》，因此才没有发现孔子思想具有超越时空的特点。不论人类社会如何变动，皆在其规范下运行的恒德智慧。如鼓励弟子发问及师生和谐相处，

①②③　选自张岱年主编：《孔子大辞典》，上海辞书出版社 1993 年 12 月。

已具今天民主自由人权特质；而他们却反诬“孔子教学不许问难”。除非他们采用的资料来自“道听而途说”，如是，他们则是“德之弃也”（《论语·阳货》）的人？

本书分为三篇。

第一篇：“真孔子”，共39章。

阐释孔子许多旷古绝伦思想，迄今尚鲜为人知，却是引导心盲目瞎的人民走向民主、人权、和谐康庄大道的人间明灯。

心得来自：

1. 延续作者前著《我与论语》《享受论语》《论语与生活》未尽之意的补充、延伸。

2. 著作本书过程发现新的资料。如将“子绝四：毋意，毋必，毋固，毋我”（《论语·子罕》）；子曰：“不怨天，不尤人”（《论语·宪问》）的“修己论”，诠释系吾人生而具有或巨或细的莠苗，我们唯有通过“知己、修己”予以根除，方是吾人之福；如任其茁壮、蔓延，祸：秦二世、隋炀帝、希特勒等便是证人。

第二篇：“假孔子”，共8章。

孔子殁，弟子各执一见，儒分为八。经秦政“焚书坑儒”，董仲舒仰帝鼻息，篡改孔子“五伦互敬”的民主意念，成了为帝、父、夫的绝对权威独裁主义；到宋轻武重文，从此中原大地少男儿，致遭外族入侵，先后亡于元、清，孔子思想远离人间。

第三篇：“旭日”，共3章。

否极泰来，夜尽日出。经过数千年长夜，孔子思想方拨云而出，照亮人间。

至于人类未来安危，唯赖孔子主张的王道主义（智慧）能否驯服西方以美帝为首的霸道主义（聪明），决定人类存亡。

科学，可以助人类改善生活，亦能将人类推入死亡之谷。有“智慧”的科学家，午夜梦回，想到唯一能够挽救人类毁灭的不是别人，正是那些五四运动的“留日”英雄们，咬牙切齿，要除之而后快的孔子！他们为何有此心态，现在，我还在想：与十年后日寇狂吠“三月灭华”有关联？

悠游孔子花园多年，捡到一些奇花异石，视如珍宝。日益月滋，拼出几个七歪八扭的字，与读者共享：

一、智慧。人皆生而具七情六欲。不慎，过之；不及，皆惑，惑生苦。唯孔子留与后人的“智慧”，可解诸惑。能解惑，就是达者，乐者，寿者。

二、《论语》似鱼，生活似水。鱼水相欢，是开启孔门一窥堂奥的钥匙。

三、《论语》是石磨磨心，其他各书（含《大学》《中庸》《孟子》《五经》《诸子百家》等国学）便是上下两块磨石，合力辗出“珍馐美味”。

* 说明：

本书的注释分两类：

1. 涉及孔子本人的相关著作，作者使用文章内的括号夹注。

2. 涉及别人对孔子研究的相关著作，标在页下注。

目　录

第一篇　真孔子

第一章　峻峭缝中长出的巨树

太宰问于子贡曰：“夫子圣者与？何其多能也？”子贡曰：“固天纵之将圣，又多能也。”

子闻之，曰：“太宰知我乎？吾少也贱，故多能鄙事。君子多乎哉？不多也。”

牢曰：“子云：‘吾不试，故艺。’”（《论语·子罕》）

译文

太宰问子贡：“夫子是圣人吗？为何如此多才多艺？”子贡说：“上天要他生下来就是圣人，而且多才多艺。”

不久，他们的讲话被孔子知道了，孔子说：“太宰知道我的出身吗？因父母早逝，家中贫穷，缺少任何依恃，为了生存，所以学会了许多技艺与耕种等体力劳动，生长在富贵人家的人，养尊处优，就不会像我一样有机会学会许多技艺，即使有，也不多见。”

另一弟子琴牢说：“夫子曾说过，‘因为没有机会得到别人的赏识和重用，就利用时间学会了许多技艺。’”

臆解

子贡奉夫子命纵横列国以救鲁。[①] 过吴与大夫太宰伯嚭谈及孔子系天生圣人，孔子闻之，自谦，而有本章缘起。

相关资料

一、伯夏生叔梁纥。纥虽有九女而无子。其妾生孟皮，孟皮一字伯尼，有足病。于是乃求婚于颜氏。颜氏有三女，其小曰徵在。颜父问三女曰："陬大夫虽父祖为士，然其先圣王之裔，今其人身长十尺，武力绝伦，吾甚贪之。虽年长性严，不足为疑。三子孰能为之妻？"二女莫对。徵在进曰："从父所制，将何问焉？"父曰："即尔能矣。"遂以妻之。徵在既往，庙见。以夫之年大，惧不时有勇，而私祷尼丘之山以祈焉。生孔子，故名丘而字仲尼。

孔子三岁而叔梁纥卒，葬于防。至十九，娶于宋之亓官氏，一岁而生伯鱼。[②]

二、丘生而叔梁纥死，葬于防山。防山在鲁东，由是孔子疑其父墓处，母讳之也。孔子为儿嬉戏，常陈俎豆，设礼容。孔子母死，乃殡五父之衢，盖其慎也。陬人輓父之母诲孔子父墓，然后往合葬于防焉。[③]

三、子见齐衰者（丧者家属）、冕衣裳者（主祭官员）与瞽者（盲乐师），见之，虽少，必作（起身示敬），过之，必趋（快步走过）。（《论语·子罕》）

四、子食于有丧者之侧，未尝饱也（示追悼丧者）。

---

① 《史记·仲尼弟子列传》
② 《孔子家语·本性解》
③ 《史记·孔子世家》

子于是日哭，则不歌。（《论语·述而》）

五、师冕（盲乐师）见，及阶，子曰："阶也。"及席，子曰："席也。"皆坐，子告之曰："某在斯，某在斯。"

师冕出。子张问曰："与师言之道与？"子曰："然。固相师之道也。"（《论语·卫灵公》）

六、孔子遭厄于陈、蔡之间，绝粮七日，弟子馁病。孔子弦歌。子路入见曰："夫子之歌，礼乎？"孔子弗应，曲终而曰："由，来！吾语汝：君子好乐，为无骄也；小人好乐，为无慑也。其谁之子不我知而从我者乎？"子路不悦，援戚而舞，三终而出。

明日，免于厄，子贡执辔曰："二三子从夫子而遭此难也，其弗忘矣。"孔子曰："善恶何也？夫陈、蔡之间，丘之幸也，二三子从丘者，皆幸也。吾闻之，君不困不成王；烈士不困行不彰。庸知其非激愤励志之始于是乎在？"[①]

七、孔子去曹适宋，与弟子习礼大树下，宋司马桓魋欲杀孔子，拔其树，孔子去。弟子曰："可以速矣。"孔子曰："天生德于予，桓魋其如予何！"[②]

八、上大夫壶遂曰："昔孔子何为而作《春秋》哉？"太史公曰："余闻董生曰，周道衰废，孔子为鲁司寇，诸侯害之，大夫壅之。孔子知言之不用，道之不行也，是非二百四十二年之中，以为天下仪表，贬天子，退诸侯，讨大夫，以达王事而已矣。"子曰："我欲载之空言，不如见之于行事之深切著明也。夫《春秋》，上明三王之道，下辨人事之纪，别嫌疑，明是非，定犹豫，善善恶恶，贤贤贱不肖，存亡国，继绝世，补敝起废，王道之大者也。《易》著天地阴阳四时五行，

---

① 《孔子家语·困誓》
② 《史记·孔子世家》

故长于变；《礼》经纪人伦，故长于行；《书》记先王之事，故长于政；《诗》记山川溪谷禽兽草木牝牡雌雄，故长于风；《乐》乐所以立，故长于和；《春秋》辩是非，故长于治人。是故《礼》以节人；《乐》以发和；《书》以道事；《诗》以达意；《易》以道化，《春秋》以道义。拨乱世反之正，莫近于《春秋》。《春秋》文成数万，其指数千。万物之散聚皆在《春秋》。《春秋》之中，弑君三十六，亡国五十二，诸侯奔走不得保其社稷者不可胜数，察其所以，皆失其本已。”①

解析

会看戏，看门道；不会看戏，看热闹。

从二十岁起，我看“孔子”这出戏已六十多年，堪称孔迷，对台上孔子一言一行，一颦一笑，一举手一投足，初，似懂非懂。久了，才慢慢看出了一点门道，也把兴趣看出来了。以本章为例：一场两景。第一景发生在哀公十四年，孔子七十一岁。听闻齐国有犯鲁国之意，派子贡到列国折冲樽俎，以解祖国之危。是年，子贡至吴短留，会吴大夫嚭，谈到孔子。有疑，要问，是促进人类文化进步因素之一，太宰疑夫子是不是真的是圣者，问子贡。子贡是孔门杰出弟子，一生视夫子为父、帅、友，乃至喻为天、日、月（子张），率尔以对“上天要他生下来就是圣人”，简洁利落。

第二景出现在子贡完成使命回鲁与夫子聊到与太宰的对话。夫子听了没有丝毫沾沾自喜，反以谦卑之心，自述“多能”源自儿时贱鄙，为了生活才学会许多谋生技能。

下面是我把孔子这句话以具体生活呈现出来：

① 《史记·太史公自序》

孔子父母是一对相当罕见的结合。父，先与原配生下九女，娶妾，生一男却有足疾。农业社会安土重迁。为了传宗接代，孔父就在这种情形下找到颜家第三女徵在为妻。孔子父身长十尺，武力绝伦，缺点是年龄过大。母，以上有二位姐姐未嫁，可能在及笄之年即嫁与孔家为妇。

老夫少妻优点：丈夫多半会对幼妻体贴入微。缺点：幼妻不能免于做寡妇，独自艰辛扶育儿女之虞。

至于当他们的儿女又如何？优点是承袭了老父的成熟、理性和幼母的梦幻，情深的优质基因；缺点是父的早亡，儿女多半因少了父亲保护，而成了沦落在贱鄙生活浮沉的孤儿。除非身强体壮，在熬过人间至痛至苦之后幸而存活，始能将父母遗传的特优基因挣“困”而出，成就非凡伟业。资料一至二是孔子父母结合前后的资料；资料三至五则是孔子“少且贱，故多能鄙事”的具体生活录影，资料六至八便是孔子因“困”而激发出优质遗传基因，儿时贱鄙、好学、激愤励志的合成，将孔子拥上人类思想北辰，至圣先师宝座。

拾遗

我擅自跳过历史盲点，认为盲乐师外祖父是促成孔子成功的幕后推手，即来自资料三至五，引发我对孔子为何特尊丧者家属、盲人，主祭官员，而联想孔子启蒙师与盲人有关。2008 年 10 月游曲阜六艺城便看见介绍孔子，记载盲乐师外祖父是孔子的启蒙老师；2013 年某日中央电视台戏曲频道播《圣母传》，剧情便放在孔母临终前要孔子拜外祖父为师，并行三拜九叩礼。对我以前的推断作了佐证。

第二章　孔子的启蒙老师

师冕见，及阶，子曰："阶也。"及席，子曰："席也。"皆坐，子告之曰："某在斯，某在斯。"

师冕出。子张问曰："与师言之道与？"子曰："然，固相师之道也。"（《论语·卫灵公》）

译文

鲁国有个叫冕的盲乐师来见孔子，走到台阶前，孔子说："这里是台阶。"他走到座位前，孔子又说："这里是座位。"大家坐定后，孔子对他说："某人在这，某人在那。"

师冕出去以后，子张问："这就是与盲乐师或盲人相处时，我们应有的礼貌与讲话的方式吗？"孔子说："是的，这就是帮助盲乐师或盲人应该遵守的规矩呀。"

臆解

问，为何唯独孔子知道"与盲乐师相处之道？"而一般人则无？这是不是一扇可以供我们窥探出孔子儿时与哪些人相处最亲、最久的窗户？

相关资料

一、孔子为儿嬉戏，常陈俎豆，设礼容。[①]

二、子见齐衰（丧服）者，冕衣裳（官员礼服），与瞽（盲乐师）者，见之，虽少（年轻），必作（起立）；过之，必趋。（《论语·子罕》）

三、子与人歌而善，必使反之，而后和之。（《论语·述而》）

四、子食于有丧者之侧，未尝饱也。

子于是日哭，则不歌。（《论语·述而》）

五、子曰："出则事公卿，入则事父兄，丧事不敢不勉，不为酒困，何有于我哉？"（《论语·子罕》）

六、……徵在说道：送你到外祖父跟前去读吧，我的学问，就是他传给我的，他是个博学老师，近来因为年纪老了，怕麻烦，不再收徒讲学，但是你聪明绝顶，容易教授，并且他素来钟爱你的，送你去受教，谅他不会推却的，不知你愿意去么？孔子答应了愿意去。次日，徵在挈子归宁，向老父说明来意，颜襄生平最爱这个女儿与外孙，欣然答应道：我自问礼乐书数四科，足当外孙的师表，至于射御两科，我不过略知一二罢了。徵在答道：我仅生这一个孤子，决不放他去从军，射御两科，不要教他。当下母子俩留住了几天，徵在告归。孔子便在外祖父家受教用功，寒暑不歇，数年不倦，颜襄见他这样的天禀聪明，好学不倦，还兼生得牛唇狮鼻，海口辅喉，虎掌龟脊，身高九尺六寸，堪称天生异相，必非凡品，心想我当导之以正，使他将来能够承传禹汤文武的道统。由是时常拿"三皇五帝"的大道，讲给他

---

① 《史记·孔子世家》

听，并勖勉他要做君子。……[1]

七 、孔子适周，将问礼于老子。老子曰：“子所言者，其人与骨皆已朽矣，独其言在耳。且君子得其时则驾，不得其时则蓬累而行。吾闻之，良贾深藏若虚，君子盛德，容貌若愚，去子之骄气与多欲，态色与淫志，是皆无益于子之身。吾所以告子，若是而已。”孔子去，谓弟子曰：“鸟，吾知其能飞；鱼，吾知其能游；兽，吾知其能走。走者可以为罔，游者可以为纶，飞者可以为矰。至于龙，吾不能知其乘风云而上天。吾今日见老子，其犹龙邪！”[2]

八、八年前游览曲阜孔子六艺城，见孔子一生简介，内提盲乐师外祖父颜襄是孔子启蒙老师，不知今在乎？

九、2012 年某月某日，中央电视台戏曲频道播《圣母传》，内有孔子母临终要求父亲收孔丘为徒，并行三拜九叩拜师礼。惜不知资料来源。

解析

用两只手折一根筷子，应声而断。如用双手折一把筷子，只有望筷兴叹。以筷子论诠释孔子的启蒙师是学养渊博的盲乐师外祖父，而非传统讲的老子，理由如下：

一：我们儿时在外看见有兴趣的东西，往往会搬回家中温习，似乎我们都曾经历过。而联想这与孔子常随外祖父为人办理祭祀，丧礼有关。

二至五：丧礼，少不了三类人，丧家亲属（齐衰）、主祭官员（冕衣裳者）、音乐（瞽者）。孔子独钟这三类人，不能不想到孔子与他们

---

① 《孔子演义》（第二回），台湾博元出版社 1989 年版。
② 《史记·老子韩非列传》

的关系。

子曰：“我非生而知之者，好古，敏以求之者也。”（《论语·述而》）

孔子既非“生而知之”，是谁启蒙他“好古”？

从《论语·述而》《论语·子罕》资料隐示孔子幼年、少年、青年，为了生计曾多次帮人办理丧事赚取生活费。而“《礼》《乐》《诗》《书》，却是与他‘职业’不可或缺的，而指导他学习这些与‘好古’有关的人是谁”？

不论婚丧，多半用歌唱加重婚、丧礼气氛。孔子喜唱歌是否与此有关？

六至九：内容来自《史记》《孔子演义》、京剧《圣母传》、曲阜六艺城孔子简介，及作者综合不同资料揣度，认为孔子外祖父便是启发他思想、志向、生活、言行的启蒙师，较符合情理。

至于孔子访老子，史者各有所见，姑当成“问礼”尚可，以之认为老子是孔子业师，证据不足，亦欠说服力，不从。

有关孔子青少年逸事，在《论语》只发现“吾少也贱，故多能鄙事。君子多乎哉？不多也”（《论语·子罕》）共 17 字。在《史记·孔子世家》则看见“孔子为儿嬉戏，常陈俎豆，设礼容”共 13 字，令人百思不解。我们后人能做的，只能在《论语》及有关资料按图索骥，依照孔子对盲乐师尊荣拼凑出本章的标题。

第三章　“孔子式”的好学

子曰：“十室之邑，必有忠信如丘者焉，不如丘之好学也。”（《论语·公冶长》）

译文

孔子说：“即使在只有十户人家的小地方，也必定有像我一样做事忠心、做人守信的人，只是不如我终身好学。”

臆解

找到与自己天性相近（好古）而学成功的人，是孔子之幸，更是人类的福，国人应深思！

相关资料

一、子曰：“吾十有五而志于学，三十而立，四十而不惑，五十而知天命，六十而（耳）顺；七十而从心所欲，不逾矩。”（《论语·为政》）

二、子曰：“吾尝终日不食，终夜不寝，以思，无益，不如学也。”

（《论语·卫灵公》）

三、子曰：“君子学道则爱人，小人学道则易使也。”（《论语·阳货》）

四、孔子曰：“丘少而好学，晚而闻道，此以博矣。”[①]

五、孔子曰：“可以与人终日而不倦者，其惟学乎。其身体不足观也，其勇力不足惮也，其先祖不足称也，其族姓不足道也。然而可以闻四方而昭于诸侯者，其惟学乎！”[②]

六、孔子曰：“君子有三忧。弗知，可无忧与；知而不学，可无忧与；学而不行，可无忧与？”[③]

七、子曰：“好学近乎知（智），力行近乎仁，知耻近乎勇。知斯三者，则知所以修身。知所以修身，则知所以治人。知所以治人，则知所以治天下国家矣。”[④]

解析

孔子以“好学”傲于乡里，尤好“问”，“子入太庙，每事问。”（《论语·八佾》）把“学与问”融为一体，就铸造出“万世师表”“孔圣人”两块震古烁今的金字招牌）。

综合孔子好学资料，发现异于他人好学的特征，我称之为“孔子式的好学”。

“孔子式的好学”有以下几个特征：

一、从黑暗学习光明。如果把人的荣华富贵当作人生的光明面，那么贫穷低贱则是人生的黑暗面。长期生长在光明面的人，由于其眼

① 《御览》六百七引《慎子》
② 《说苑·建本》
③ 《韩诗外传卷一》
④ 《中庸·第二十章》

睛受光亮的影响，以及因环境而带来的自负，是很难看到黑暗面的真实境况的，除非他有很高的智慧。而生长在黑暗面的人，他不但能够看清自己的卑贱处境，也能对光明面一目了然，犹如暗中观火，黑夜赏月，格外清晰。一生被荣华富贵笼罩的晋惠帝，碰到全国连年灾患，人民求一粒米而不可得，群臣奏请发粮赈灾时，他竟以“何不食肉糜”以对！人处在太光明的地方，反而丧失了了解黑暗真相的能力，甚至易犯光明晕眩症。“为富不仁”就是在这种自高自大的光圈里，由无知进而不仁的。

二、任何人、事、物都是他学习的对象。书简只是他学习的极小部分，关于人，他曾向老子问礼（《史记·孔子世家》）；关于事，“子入太庙，每事问”；关于物，他曾向水学习，“逝者如斯夫！不舍昼夜”。所以子贡形容“夫子焉不学？而亦何常师之有”（《论语·子张》）。

三、不耻下问。学与问如人的手足，缺一不可。学，是意念的起步；问，是意念的完成。孔子不仅“不耻下问”，还能做到善问。

拾遗

孔子好学，学生思；思生问，问生果；积果为智，智者不惑。汉董仲舒“三年不窥园”的好学，为后人导入“坐而好学”，不能行而践学的歧路。从此，孔子式好学成了绝响。

第四章 “好问”，问出人类首屈一指的思想家

子入太庙，每事问。或曰：“孰谓鄹人之子知礼乎？入太庙，每事问。”子闻之曰：“是礼也。”（《论语·八佾》）

译文

孔子初进周公太庙，凡是不懂得的，就一一询问。有人说：“谁说叔梁纥的儿子懂得礼仪？进得太庙来，每件事都要向别人请教。”孔子听见后说：“不懂就问，这才是礼（理）啊。”

臆解

太庙，似今天的博物馆，孔子“每事问”，问来了一顶人类思想家皇冠，今人呢？

相关资料

一、子曰：“博学之，审问之，慎思之，明辨之，笃行之。”[1]

---

① 《中庸·第二十章》

二、孔子曰："君子有九思，视思明，听思聪，色思温，貌思恭，言思忠，事思敬，疑思问，忿思难，见得思义。"（《论语·季氏》）

解析

"大哉问！"东西方对"问"，依其历史、地理出现截然不同的取向。东方（孔子）重"人"（仁），问出了己与己，己与人，己与社会如何和谐相处的"智慧"。孔子即凭智慧戴上人类思想家之皇冠；西方重物，借问，将"物"之用发挥到极致，增进了人类生活福祉。如牛顿的地心引力、爱因斯坦的相对论，孰轻孰重？思想家、历史学家、社会学家、科学家、哲学家……都在找答案，似乎这答案已隐约若现。

"上（夫子）有好者下（弟子）必甚焉。"因夫子好问，弟子耳濡目染，亦步亦趋，问仁、礼、智、政、孝、成人、君子、闻（达）人……孔子有问必答，问得师生"不亦乐乎"，而且问出一部人类罕见圣典——仿若北辰的《论语》，以"仁"的准则指导人类，从而使自身达到新的道德风尚高度。

不知从何时开始，由孔子开创的"问"的德行，逐渐在我国历史长河中消失了。少了"问"的家庭、学校、社会、政治，必然也少了相思、相激、相长、相益的生机、朝气。两千年来，中华民族的活力不就因为少了"问"而日暮途穷？

儿时好问，父母嫌我多嘴，以"没有教养"回应。久而成习，成了我以后数十年恪守的"生活规范"。我却为此当了数十年不知春秋的书虫。直到晚年进入孔门，才悟昨日之非。

拾遗

目有所见，耳有所闻。见闻有真假、是非、明暗，如何辨？要思，找不着答案，要问。问上者，问古人，不管是哪个宗教、学派，只要问到答案。其次，问人：问长辈、师长、长官，甚至晚辈、部属、弟子。

问久了，像一粒谷子撒在田里，会慢慢长出稻穗，长在心田的稻穗叫“智慧”。

第五章　人生第一步：知己、修己、立己、达己

子曰："不患人之不己知，患不知人也。"（《论语·学而》）

译文

孔子说："不担忧别人不了解我，只担忧自己不了解自己。"

臆解

了解自己是"本"；予以延伸，才能了解别人，是末。应是孔子勉人"不患人之不己知，患不知人（己）也"的原因吧？

相关资料

一、子曰："莫我知也夫！"子贡曰："何为其莫知子也？"子曰："不怨天，不尤人；下学而上达。知我者其天乎！"（《论语·宪问》）

二、太宰问于子贡曰："夫子圣者与，何其多能也？"子贡曰："固天纵之将圣，又多能也。"

子闻之，曰："太宰知我乎？吾少也贱，故多能鄙事。君子多乎哉？不多也。"（《论语·子罕》）

三、子曰："吾十有五而志于学……七十而从心所欲，不逾矩。"（《论语·为政》）

解析

一、"物有本末，事有终始。知所先后，则近道（智）矣。"（《大学》）

了解自己是本、始，然后，推己及人去了解别人，或主动让别人了解自己，是末、终。

孔子在《论语·尧曰》中讲的"不知（己）命，无以为君子（智者）也。"在《论语·雍也》中讲的"夫仁者，己欲立而立人，己欲达而达人"。在《论语·宪问》中讲的"古之学者为己，今之学者为人"。和在《论语·卫灵公》中讲的"君子求诸己，小人求诸人"等，皆在强调知己的重要。并以释"患不知人也"的"人"，应是指"己"而非指"人"。汉初韩信即因不知自己已面临诛族的危险，成了刘邦树立汉威的祭品，而清曾国藩在消灭太平天国后，已隐隐感受功高震主，将引来诛族之祸，断然解散湘军，急流勇退，躲过大劫。

二、太宰，官名，掌王室内外事务。

听闻孔子贤能，以之问子贡。在孔门，唯子贡视夫子为圣，趁势吹捧夫子生而为圣。

孔子一生，唯坦陈好学，余皆谦躬有礼。本章亦如是。并以"吾少也贱，故多能鄙事"对。

"君子"，在此指生于富贵家庭的子弟，一生有仆人侍奉，相对就少了学习各种技艺的机会 。观今天海峡两岸多数的"官二代"、"富二代"表现，就能明白孔子的微言大义。

三、孔子从“十有五而志于学，三十而立”，到“七十而从心所欲，不逾矩”，不就代表了他从知己，修己，立己，达己，循序而升的完成过程吗？

拾遗

朱子《四书集注》释本章：引尹氏曰：“……不知人，则是非邪正或不能辨，故以为患也。”一言定是非，后人即秉此意逐渐有了下面的译文：

孔子说：“不要愁别人不知我，该愁我不知人。”对吗？

孟子曰：“尽信《书》，则不如无《书》。”[①]

---

① 《孟子·尽心下》

第六章　人生第二步：知人、达人

子路问君子。子曰："修己以敬。"

曰："如斯而已乎？"曰："修己以安人。"

曰："如斯而已乎？"曰："修己以安百姓。修己以安百姓，尧、舜其犹病诸！"（《论语·宪问》）

译文

子路问如何做才算是一个勤政爱民的官吏。孔子说："从修己做起：举止庄敬、处事慎重、对人谦恭、谨守诚信。"

子路问："这样就可以了吗？"

子路又问："这样就够了吗？"孔子说："修己做好了，老百姓就会'风行草偃'，社会安宁、祥和。要做到这样，就算尧、舜也难以办到。"

臆解

领导人圭臬：修己，修五伦，教百姓。

相关资料

一、子曰："古之学者为己，今之学者为人。"（《论语·宪问》）

二、子曰："君子求诸己，小人求诸人。"（《论语·卫灵公》）

三、子曰："夫仁者，己欲立而立人，己欲达而达人。"（《论语·雍也》）

四、颜渊问仁。子曰："克己复礼为仁。一日克己复礼，天下归仁焉。为仁由己，而由人乎哉？"

颜渊曰："请问其目。"子曰："非礼勿视，非礼勿听，非礼勿言，非礼勿动。"

颜渊曰："回虽不敏，请事斯语矣。"（《论语·颜渊》）

五、仲弓问仁。子曰："出门如见大宾，使民如承大祭。己所不欲，勿施于人。在邦无怨，在家无怨。"

仲弓曰："雍虽不敏，请事斯语矣！"（《论语·颜渊》）

解析

一、"古"：指孔子54岁离鲁前以"德行"著称，"视富贵如浮云"的弟子：如颜渊，闵子骞，冉伯牛，仲弓是；"今"，指孔子68岁回鲁后入孔门的弟子，如子张，子夏，宰予是。前者重"学"；后者重入仕。

二、君子做事，只求尽心，尽力。自省，无愧，能如此，必不怨天尤人。小人相反。

三、何谓仁？我想幸福，亦应同时思考别人是否快乐。

四、克己，做人成功的第一步。做好自己；然后才能进而助人立，达就是仁。方法：不合理的不言、不看、不听、不动。

克己复礼，是保护自己平安，快乐，而非虐己。

五、仲弓问从政如何行仁？夫子要他先要求自己的言行、举止合乎礼仪，把人民当上宾尊重；要求人民做事，要庄严、慎重；凡是自己不喜欢的，不要强加在人民头上；做到了，家乐、国和。

拾遗

孔子在本章讲的，看似平淡，却是决定一个人成败的关键。60多年来，看遍“名人”，有几个会是青史留名的达人？又有多少人，因凡事只见己之利，终为人民唾弃，死后还被诅咒！

第七章　智慧——人类生存的凭仗

子曰：“知者不惑，仁者不忧，勇者不惧。”（《论语·子罕》）

子曰：“君子道者三，我无能焉。仁者不忧，知者不惑，勇者不惧。”子贡曰：“夫子自道也。”（《论语·宪问》）

译文

孔子说：“有智慧的人，明辨是非、对错、善恶，并知道如何趋吉避凶，因而对人、事、物不会迷惑；有仁心的人，乐天知命，豁达大度，心境坦荡，因而不会忧愁；有义勇的人，知道何事该做何事不该做，因而不会恐惧。”

孔子说：“一个受人尊敬的君子，具有三种德行，我自问都没有做到。有了仁德就不会忧愁；有了智慧就不会凡事迷惑；有了义勇就不会恐惧。”子贡听了后说：“这正是夫子的自述呀。”

臆解

智，诸德之源。即智生仁，仁生勇。上列第二章，以仁为首，似竹简错置？

相关资料

一、子曰："我非生而知（智）之者，好古（以史鉴今），敏以求之者也。"（《论语·述而》）

二、子曰："吾十有五而志于学，三十而立，四十而不惑，五十而知天命，六十而（耳）顺，七十而从心所欲，不逾矩。"（《论语·为政》）

三、子曰："里（心）仁为美。（心）择不处仁，焉得知（智）？"（《论语·里仁》）

四、哀公问孔子曰："有智寿乎？"孔子曰："然。人有三死而非命也者，自取之也。居处不理，饮食不节，劳过者，疾共杀之；居下而好干上，嗜欲无厌，求索不止，刑共杀之；少以敌众，弱以侮强，忿不量力者，兵共杀之。故有三死而非命者，自取之也。"[①]

解析

一至二，孔子酿造"智慧"的原料有二，缺一不可，一是"好古"（《论语·述而》）。鉴古方知今及后；一是孔子一生的生活体悟，从"吾十有五而志于学，到七十而从心所欲，不逾矩。"（《论语·为政》）

三、心存仁念，凭"智慧"。"里"，指"心"，而非"乡里"。

四、智慧功能，趋吉避凶，延年益寿。

"智、仁、勇"在《论语》中出现两次：一在《子罕》篇，以"智"为首；一在《宪问》篇，以"仁"为首。孰先孰后？对孔子思想能不能行之于己、人、社会、乃千万世，具重大影响，必须寻根究底，找出"智、仁"，究竟谁是孔子思想的动力、核心，并且"行"之于己、

---

① 《说苑·杂言》

人、社会皆益。如果还跟在所谓硕学大儒后面，在“六经注我，我注六经”里找答案，是枉费心血。穷则变，变则通。因而多年来，我在研究《论语》过程里，碰到百思不解的章、句、字，就用“以论解论”来破迷解惑，大多都能找到孔子思想的原意。

先讲“智”在《论语》的分量：

子曰：“智者利仁。”（《里仁》篇）

子曰：“里（心）仁为美，择不处仁，焉得智？”（《里仁》篇）

子曰：“人之过也，各于其党。（以智）观过，斯知仁矣。”（《里仁》篇）

子曰：“好仁不好学（智），其蔽也愚”。（《阳货》篇）

次谈“仁”在《论语》的分量：

颜渊问仁。子曰：“克己复礼为仁。”（《颜渊》篇）

子曰：“君子去仁，恶乎成名？”（《里仁》篇）

子曰：“志于道，据于德，依于仁，游于艺。”（《述而》篇）

微子去之，箕子为之奴，比干谏而死。孔子曰：“殷有三仁焉。”（《微子》篇）

权衡智、仁轻重，辅以孔子在《雍也》篇讲的“智者乐水，仁者乐山。智者动；仁者静。智者乐，仁者寿。”推敲，我们对任何人、事、物的处理，必以智慧指引仁义，才有可能让吾人践仁行义。如“克己复礼”“克己”是智；复礼则是仁。没有智的克己。就出现不了复礼以仁为内涵的生活。两千多年来，后人皆以“仁”在《论语》出现 109 处，散布五十八章，而误认“仁”是孔子至高无上的思想范畴，却疏忽少了“智”的“仁”，只是一个不能行走的书橱。

我不知道这是不是孔学逐渐式微的原因之一？

拾遗

智慧有无、多少，决定我们一生命运的顺逆、祸福、寿夭。

《论语》列举的约百个德目，如果不能与我们生活融为一体，便成了骗人的口号，或随声附和的乡愿。

第八章　仁义——人与人相处的润滑剂

子贡曰："如有博施于民而能济众，何如？可谓仁乎？"子曰："何事于仁，必也圣乎！尧、舜其犹病诸！夫仁者，己欲立而立人，己欲达而达人，能近取譬，可谓仁之方也已。"（《论语·雍也》）

译文

子贡问："如果有人广施恩泽于民，而且帮助民众解决困难，您认为怎么样，可以算是仁人吗？"孔子说："何止是仁，一定是圣人了，恐怕尧、舜也无法做到这样的地步。所谓仁人，是自己安全，也使别人安全；自己幸福，也使别人幸福。处处以自己的处境，推己及人，想到别人的处境，这就是实践仁的方法。"

臆解

爱心藏于内，叫仁；用之于外，叫义。义的定义：皆大欢喜。

相关资料

一、子曰："里仁为美。择不处仁，焉得知（智）？"（《论

语·里仁》）

二、子曰："仁远乎哉？我欲仁，斯仁至矣。"（《论语·述而》）

三、颜渊问仁。子曰："克己复礼为仁。一日克己复礼，天下归仁焉。为仁由己，而由人乎哉？"

颜渊曰："请问其目。"子曰："非礼勿视，非礼勿听，非礼勿言，非礼勿动。"

颜渊曰："回虽不敏，请事斯语矣！"（《论语·颜渊》）

四、子曰："不仁者，不可以久处约，不可以长处乐。仁者安仁，智者利仁。"（《论语·里仁》）

五、宰我问曰："仁者，虽告之曰：'井有仁焉。'其从之也？"子曰："何为其然也？君子可逝也，不可陷也；可欺也，不可罔也。"（《论语·雍也》）

六、仲弓问仁。子曰："出门如见大宾，使民如承大祭。己所不欲，勿施于人。在邦无怨，在家无怨。"

仲弓曰："雍虽不敏，请事斯语矣！"（《论语·颜渊》）

七、子曰："志于道，据于德，依于仁，游于艺。"（《论语·述而》）

解析

仁，在《论语》出现 109 次，以致学者以此推论"仁"是孔子的中心思想。只是仁很抽象，如果不能从我们生活中具体地呈现出来，就很难掌握仁，进而言仁、行仁。

孔子因材施教，不同弟子问仁，夫子因其性格、智商、职业，告诉他们不同的行仁方法：樊迟是地方首长，问仁，夫子则以先难（耕耘）而后获（享受）答（详见《雍也》篇）；子贡是外交奇葩，问仁，夫子则以"居是邦也，事其大夫之贤者，友其士之仁者"（详见《卫灵公》篇）回应；司马牛性躁多言，问仁，夫子则以“其言也讱”（详见《颜渊》篇）勉。如果我们见不到孔子讲仁，因人而异，会认为讲“仁”太麻烦因此敬而远之。

仁，只是一个善的概念，如何让这个概念能行、能益？靠智慧，所以，子曰：“智者利仁。”（《论语·里仁》）抓住了智，则行仁，易如反掌。形之于外为“义”，通俗讲：皆大欢喜。

一、里，在此当“心里”讲，如当成乡里解，就成了迂夫子了。意谓时时将“仁”放在心里，才算是一个以智守仁的君子。

二、一个善念，可能成圣贤；一个恶念，可以把人变成禽兽。佛教净土宗只教人心念“南无阿弥陀佛”，就在自心永远拥有那个善念，而心才能似日月之明。

三、其他弟子问仁，夫子因材施教，属特称命题。唯颜回问仁，夫子则以“克己复礼”答，则是全称命题。意谓凡人都有可能犯过“非礼而视，非礼而听，非礼而言，非礼而动”的毛病，为自己招来或大或小的麻烦。

反求诸己：我的一生不就因常犯“意，必，固，我”，而比别人走得特别疲惫？

四、缺少仁（爱）心的人，穷久了，就怨天尤人；富久了，会狂妄自大。唯智者和有仁心的人，不论贫富皆知以仁心待人。

五、智者不仅知道爱人，亦能以智保护自己不为小人陷害，有人掉进井里，前去一探究竟，确定真假。真，设法救人；假，免除小人陷害。爱人、爱己兼顾，就叫“仁”。

六、本章主旨：仲弓问，担任领导，如何行仁？夫子告以对待人民如同祭拜宗庙一样庄严、端庄。然后，牢牢记住：“自己不想要的，不要施加于百姓。”做好了，社会和，就是大同世界。

在本章，我们见到孔子具有的民主、人权思想绝不逊于今天所谓的先进国家之思想，可惜我国“寿陵余子”太多，只看到秋毫，却瞻望不到舆薪似的孔子巨影。

七、“志于道，据于德，依于仁，游于艺”，短短 12 个字，道出一个欲在自己喜欢的领域独领风骚，应具有的四个要件。

人性不同，各有其志。项羽志在皇帝，惜缺德少仁，而留自刎乌江遗恨。唐李世民志在天下，知修德，守仁，游艺，卒有贞观盛世。孔子更是人类翘楚，志在天下为公，世界大同，据德、依仁、游艺，而成千古不朽师表。

拾遗

人人心存仁念，国家兴盛，社会祥和，家庭相睦，个人悦乐。反之，国衰，社会乱，家败，人亡。我国数千年历史起伏便是循着变动踽踽而行。

孔子在《论语·季氏》对冉求、子路讲：“丘也闻有国有家者，不患贫而患不均，不患寡（人口少）而患不安（安定）。盖均无贫，和无寡，安无倾。”与历史起伏印证莫不与孔子谶言相符。

第九章　《论语》生活，一体两面

子曰："吾十有五而志于学，三十而立，四十而不惑，五十而知天命，六十而（耳）顺，七十而从心所欲，不逾矩。"（《论语·为政》）

译文

孔子说："我在 15 岁便立志学习；大约到了 30 岁，已奠定了学识基础；大约到了 40 岁，已经有了对己、人、事、物不惑的智慧；大约到了 50 岁，已经明白我今生可能出现的顺逆、得失、明晦；大约到了 60 岁，已经可以从无限的时空来看问题，并且"顺"着自然法则与时进退；大约到了 70 岁，纵然任心而动，也逾越不了数十年养成的良好习惯。"

臆解

是孔子一生循序由下学而上达道的六大心路历程。

相关资料

一、子曰："学而时习之，不亦说乎？有朋（弟子）自远方来，

不亦乐乎？人不知而不愠，不亦君子（智者）乎？”（《论语·学而》）

二、子贡问君子。子曰：“先行其言，而后从之。”（《论语·为政》）

三、子疾病，子路使门人为臣。病间，曰：“久矣哉，由之行诈也！无臣而为有臣，吾谁欺？欺天乎？且予与其死于臣之手也，无宁死于二三子之手乎！且予纵不得大葬，予死于道路乎？”（《论语·子罕》）

解析

《论语》即生活，以《论语》解《论语》是我能够顺利进入孔子花园玩耍二十多年而不疲的两把钥匙，虽然我为找这两把钥匙花了四十年工夫，终于“先难而后获”（《论语·雍也》），“先事后得”（《论语·颜渊》）。

子贡曰：“夫子之文章（应作生活解），可得而闻也。夫子之言性与天道，不可得而闻也。”（《论语·公冶长》）讲得明白，真好，惜后人不察，把《论语》当学术研究，研究了两千多年，都似盲人摸象，各执一体，自以为是。

本章主旨，是孔子对自己一生如何志于学，然后，下学上达（理想），直到“从心所欲，不逾矩”（《论语·为政》）。

《论语》约五百章，几乎皆可看到孔子将自己生活呈现在弟子面前。他在《述而》篇讲的“二三子以我为隐乎？吾无隐乎尔。吾无行而不与二三子者，是丘也”便是证明。

一、是孔子将自己一生的三大主轴：“学而不厌，诲人不倦，各国国君不了解我的治国理念，不怨天尤人。”我用孔子唱了一生的三首歌形容。

二、子贡问君子。夫子因材施教，子贡好方人，乃教以凡事慎言而行。

三、一幕弟子情深意切，率直笃行；老师不为虚名所动至死坚守至真至善至美情操，各执当仁不让的旷古绝伦的真实生活故事，不知今日师生是否有感?

拾遗

若《论语》是鱼，则生活是水。合，鱼水相欢；离，鱼水皆悲。二十多年来，我就这样跟在孔子后面，亦步亦趋，不亦悦乐。

第十章　根除人性劣质之一：意、必、固、我

子绝四：毋意、毋必、毋固、毋我。(《论语·子罕》)

译文

孔子没有一般人常犯的四种毛病：不揣测自己不知道的事情，不断定将来任何事情必然会怎样，不固执自己的意见，不以自我为中心。

臆解

铲除了人性劣根，人人皆是广纳百川的智者、仁者、勇者。

相关资料

一、子曰："不怨天，不尤人；下学而上达。知我者其天乎！"(《论语·宪问》)

二、子曰："克己（意、必、固、我，怨天尤人）复礼（理）为仁。"(《论语·颜渊》)

三、子贡见太宰嚭，太宰嚭问曰："孔子何如？"对曰："臣不足以知之。"太宰曰："子不知，何以事之？"对曰："惟不知，故事之，

夫子其犹大山林也，百姓各足其材焉。”太宰嚭曰：“子增夫子乎？”对曰：“夫子不可增也。夫赐其犹一累壤也，以一累壤增大山，不益其高，且为不知。”太宰嚭曰：“然则子有所酌也。”对曰：“天下有大樽而子独不酌焉，不识谁之罪也。”①

四、赵简子问子贡曰：“孔子为人何如？”子贡对曰：“赐不能识也。”简子不说曰：“夫子事孔子数十年，终业而去之，寡人问子，子曰不能识，何也？”子贡曰：“赐譬渴者之饮江海，知足而已，孔子犹江海也，赐则奚足以识之。”简子曰：“善哉！子贡之言也。”②

五、孟子曰：“……以力服人者，非心服也，力不赡也。以德服人者，中心悦而诚服也，如七十子之服孔子也。”③

六、孟子曰：“仲尼不为已甚者。”④

解析

知道“意、必、固、我”，“怨天尤人”是人性的通病，然后用“克己复礼”（《论语·颜渊》）和“射有似乎君子，失诸正鹄，反求诸其身”（《中庸·第十四章》）为药方，根除这些通病的人，是智者，乃至圣贤，孔子是其中的典范。

孟子主人性本善，荀子主人性本恶，告子主人性善恶随境异，杨雄主人性善恶混。争吵数千年，尚无定论。偏重纸上谈兵的学术，可以在纸上比画，置之生活，却有不知如何才能让学术与生活结合而益人。

---

① 《说苑·善说》
② 《说苑·善说》
③ 《孟子·公孙丑上》
④ 《孟子·离娄下》
⑤ 《中庸·九章》

孔子不讲人性善恶，只谈“性相近（不是相同）也，（因）习（教育不同）相远也”（《论语·阳货》）是他的人性观，由此引出他的教育重心放在己，“己”做好了，己与己，己与人，己与社会，与国家皆好，即是大同盛世。

一、二：指学习态度，对内专心学习与自己天性相近的学问；对外，不怨天尤人。

三、四、五、六：子贡（端木赐）、孟轲的善说，不止让太宰嚭、赵简子听得目瞪口呆，尤使后人见识孔子之心似日之明、海之深。

拾遗

孔子的人性论，人人皆生而具有或大或小，或多或少的劣根：“意，必，固，我”和“怨天尤人”。根除劣根方法。智慧，克己，仁人。

越朝孔子思想内探，越感觉孔子思想不止是中国人的北辰，亦是人类的北辰，为何却有许许多多的人视而不见？是自大？是名利蒙住了人的耳目，乃至心灵？看不见，听不到人间尚有指引我们迷津的智者、贤者、圣者！

数历史悲剧人物：夏桀、商纣、嬴政、项羽、……隋炀……慈禧……不都因怀抱“意，必，固，我”和“怨天尤人”败下阵来？

自20世纪末至21世纪初叶，我国内“以仁治国”，外与列国和平互利（义）相处为轴；全面开放经济为动力。从长远看，是人类之福。

却不幸触发美、日帝国埋藏在心底的“意、必、固、我”和“怨天尤人”的人性劣质滋蔓，欲以豺豹之心，一霸天下的新闻，无日无之。

从前战争用刀、矛、枪、炮，人民伤亡有限。今天武器是核弹，一旦争战，不论敌我，无人可以侥存。

但盼他们少一点“聪明”，多一点“智慧”，用智克己，拔除心中劣根莠草，不分国别、种族、宗教、肤色，彼此互敬相处。

天佑人类。

第十一章　根除人性劣质之二：怨天尤人

子曰："莫我知也夫！"子贡曰："何为其莫知子也？"子曰："不怨天，不尤人，下学而上达。知我者其天乎！"（《论语·宪问》）

译文

孔子说："没有人了解我啊！"子贡说："为什么说没有人了解您呢？"孔子说："你想，幼失怙恃，长大后又颠沛流离，不为世用，从不埋怨上天，也不责怪别人；只知学习与我天性相近的知识，然后向上探索，悟出人生穷通、得失有命的智慧，这种异于一般人的人生心路历程，能够了解的，大概只有无时不在看着我的上天吧！"

臆解

我们最可恶敌人之二是自己与生俱来的劣根性，"怨天，尤人"。

相关资料

一、子曰："……人不知而不愠，不亦君子乎？"（《论语·学而》）

二、子曰："我既学人事，人事有否有泰，故不尤人；上达天命，天命有穷有通，故我不怨天也。”[①]

三、楚狂接舆歌而过孔子曰：“凤兮！凤兮！何德之衰？往者不可谏，来者犹可追。已而！已而！今之从政者殆而！”

孔子下，欲与之言。趋而辟之，不得与之言。（《论语·微子》）

四、……项王自度不得脱。谓其骑曰：“吾起兵至今八岁矣，身七十余战，所当者破，所击者服，未尝败北，遂霸有天下。然今卒困于此，此天之亡我，非战之罪也。今日固决死，愿为诸君快战，必三胜之，为诸君溃围，斩将，刈旗，令诸君知天亡我，非战之罪也。”[②]

解析

人要活得快乐，得赖智慧引领我们言行怎样做到己益、他益、天下益，孔子师生做了典范。

人有灵性，亦含有动物的物性。要是少了防微杜渐的智慧，藏在心底深处“意，必，固，我”和“怨天尤人”的劣质物欲，就会乘隙而出，恣意胡为。

孔子以“智”视人性，洞见症结，知人欲远离祸患，必须拔除心底莠草（克己），呵护良禾（复礼），因而在《论语》常见他勉弟子在“克己”下功夫。

列举四章有关资料，孔子不涉“怨天尤人”的有《学而》篇、皇侃的《论语义疏》、《微子》篇三章，都在求己上下功夫，对天、人，怨尤由何而生？

项羽在乌江自刎前，尚不知自己之亡亡在自大、狂妄，才有“此天之亡我，非战之罪也”之怨天之愤，死了还是一个糊涂鬼。

---

① 皇侃：《论语义疏》
② 《史记·项羽本纪》

拾遗

子曰："君子求诸己，小人求诸人。"（《论语·卫灵公》），孟子曰："爱人不亲，反其仁；治人不治，反其智；礼人不答，反其敬。行有不得者皆反求诸己；其身正而天下归之。"[①]

翻烂《论语》，孔子只在"求诸己"上下功夫，下学而上达道（智），数古今风流人物，有几个人不是栽在"意、必、固、我"和"怨天尤人"上面，含恨以终？

① 《孟子·离娄上》

第十二章　中庸，就是将自己的“理、情、欲”调适到不偏不倚

颜渊问仁。子曰：“克己复礼为仁。一日克己复礼，天下归仁焉。为仁由己，而由人乎哉？”

颜渊曰：“请问其目。”子曰：“非礼勿视，非礼勿听，非礼勿言，非礼勿动。”

颜渊曰：“回虽不敏，请事斯语矣！”（《论语·颜渊》）

译文

颜渊问怎样才可以做到仁。孔子说：“适当约束或疏导自己与生而来的人性缺点，使每一件事都能做到己与己、己与人和谐相处，这就是仁。要是有一天把以上两方面都做好了，其他诸德便会跟着出现在自己的身上。能够行仁的是自己，难道能靠别人帮忙吗？”

颜渊说：“请告知具体的纲目。”孔子说：“不符合礼的事不要看（相信）；不符合礼的事不要听（相信）；不符合礼的事不要说；不符合礼的事不要做。”颜渊说：“我虽然鲁钝，愿意努力遵照您的话去做。”

臆解

懂得“克己”的人，是智者、福者、寿者。

相关资料

一、子曰：“富与贵，是人之所欲也，不以其道得之，不处也；贫与贱是人之所恶也，不以其道得之，不去也。君子去仁，恶乎成名？君子无终食之间违仁，造次必于是，颠沛必于是。”（《论语·里仁》）

二、季康子患盗，问于孔子。孔子对曰：“苟子之不欲，虽赏之不窃。”（《论语·颜渊》）

三【特派记者陈言乔 / 北京报道】中共中央总书记习近平到北京大学探望学生，座谈会上妙趣横生，但也告诫学生“想发财别做官”。

这段漏网新闻是大陆媒体在回访与习近平座谈的学生，根据北大医学部学生秦冲的表述所做的报道。

习近平在与学生座谈时表示：“大学生踏入社会后最初的选择非常重要，并举例‘当官就不要想发财、想发财就不要去做官’。”

在场学生表示，习近平说现在学生的学习和读书环境已经好了很多，自己的大学是在上山下乡的时候上的，那时候周围的气氛就是“到处找书看”。《浮士德》就是在那个时候找别人借来看的。虽然看不太懂，但一看就爱不释手。不过，借书的人也着急想看，每到赶集的时候就催促他还书。习近平“三十里借书，三十里讨书”的故事让现场氛围更加轻松。

另外，国际象棋冠军侯逸凡也在座谈会学生代表之列。在她汇报完后，习近平向她提了一个关于国际象棋非常专业的问题。侯逸凡解答后，习近平开玩笑地说，棋如人生，是一个不断博弈的过程，要让侯逸凡“回头给外交部的官员们好好上一课，让他们也从棋局中学学博弈的道理和方法”。现场又是一阵掌声。[①]

解析

“礼、理、义”，字异而意同，只是表现差别。“礼”，形于外可见；“理”藏于心，是一个念头；而“义”是将外礼内理与人性蕴藏的情、欲调适，孕育成既利已亦利人的言行规范。做到了，是智者、君子、仁人；反之，是小人、自私的人。

颜渊问仁。夫子因材施教，系针对颜回志在“愿无伐善，无施劳”（《论语·公冶长》）而以“克己复礼”答。

“克己”，含有用智慧对自己与生俱来的情、欲，不能任性泛滥，而予适当疏导，才不致伤己害人。方法就是不看不该看的，不听不该听的，不讲不该讲的和不做不该做的事。否则，灾必上身。

因不知守四勿，重则丧命，轻者或身残，或坐牢的新闻无日无之，看得人心惊肉跳。

一、孔子认为只要是人，都有好富贵，恶贫穷的天性。问题在不应得的富贵，有人欲强求之；不想要的贫贱却碰到和摆脱不了，怎么办？孔子是智者，曾多次在《论语》道出他的态度，我们不妨试用：

1. 子谓颜渊曰：“（上）用之则行（出来为政府做事），舍（上不用我）之则藏。”（《论语·述而》）

2. 子曰：“富而可求也，虽执鞭之士，吾亦为之。如不可求，从吾所好。”（《论语·述而》）

3. 子曰：“……不义而富且贵，于我如浮云。”（《论语·述而》）

吾人如学得孔子这种“不器”心态，贫富皆乐。

---

① 台湾《联合报》2014年5月6日

二、季康子，鲁世袭大夫。在季氏三兄弟中对孔子尚称友善。“盗”是关键字。从孔子以“苟子之不欲，虽赏之不窃”《论语·颜渊》推敲，应不是指一般的金银财宝。鲁昭公二十五年，鲁国因季氏与郈氏斗鸡纠纷爆发内战，鲁昭公因偏袒郈氏，而遭季氏兄弟逐出鲁国，是时，孔子三十五岁。以之推论，季康子的“患盗”，是“斗鸡”遭人盗窃，才兴起问孔子防盗之道。孔子借机教育季康子，如果你们不玩斗鸡，即使奖励别人盗鸡，他们也没有兴趣。

三、孔子“不义而富且贵，于我如浮云”与习主席“当官就不要想发财”，字异义同。

拾遗

人的灵魂系三个部分组合而成，即理性、情感、欲望，缺一不可。缺一：不是神仙就是禽兽。孔子对人性见窍睹微，思虑洞达，方有“性相近也，习相远也”（《论语·阳货》）之说。

我们虽不见孔子在《论语》里谈灵魂，却看到理、情、欲分散在不同章句，因彼此消长而定善恶。智慧便是一把能够调整三者各适其宜的钥匙。

孔子讲理：克己（欲）复礼（理）为仁。

孔子重情：子食于有丧者之侧，未尝饱也。

子于是日哭，则不歌。（《论语·述而》）

孔子有欲，子曰：“富而可求也，虽执鞭之士，吾亦为之。如不可（强）求，从吾所好。”（《论语·述而》）

孔子创“人性善恶自我调适”说，惜弟子、后学，都没能得传于后，几致失传。吴承恩写了一部《西游记》。无巧不成书，书中三个主角，唐三藏扮演理性，孙悟空扮演情感，猪八戒扮演欲望，结伴而往西方取经。途中，彼此有龃龉、吵闹、猜疑、矛盾、冲突，乃至互不相容，各行其是。经过一段时间，各自克己退让半步，由“理”挂帅到西方取得正果。

将《论语》《西游记》和我们往日生活的得失融为一体，用来观察社会万象，是否会逐渐发现自己脑袋已装了点东西，它的名字叫“智慧”？

第十三章　人际交往五种关系

或曰："以德报怨，何如？"子曰："何以报德？以直报怨，以德报德。"（《论语·宪问》）

译文

有人问："以仁德回报仇恨，可以吗？"孔子说："那我们用什么东西回报别人的仁德？凡事要符合人性，即以正直回报仇恨、暴虐，以仁德回报仁德。"

臆解

人，必须与人相处方能生存。为了生存，五伦关系和谐，是智者、福者、寿者。

相关资料

一、子路曰："人善我，我亦善之；人不善我，我不善之。"子贡曰："人善我，我亦善之；人不善我，我则引之进退而已耳。"颜回曰："人善我，我亦善之；人不善我，我亦善之。"三子所持各异，问于夫子。夫子曰："由之所言，蛮貊之言也。赐之所言，朋友之言也。回之所言，亲属之言也。"①

二、孟子告齐宣王曰："君之视臣如手足，则臣视君如腹心；君之视臣如犬马，则臣视君如国人；君之视臣如土芥，则臣视君如寇仇。"②

解析

一、从师徒对话，道出夫子对弟子与人相处的不同反应，颜回的"以德报怨"，系指父母待儿女、领导待人民（部属）、教师待学生应具有的宽容大度。子贡的"以直报怨"，系指朋友，国际间的相处，合则聚，不合则散。而子路的"以怨报怨"，夫子以"蛮貊之言对，令人惊悚，似曾相识吗，这不就是近年某超强霸国在中东的殺戮盈野吗？"

二、孟子告诉齐宣王的话，似是谶言，永不休止，在历史长河中曾反复上演，即因不能彼此互谦、互爱、互敬？

探索木章，似孔子与外人聊天偶然提到人际相处可能出现的几种关系。因是聊天，内容难免不够周延。如结合孔子与子路、子贡、颜回的对话，则发现人际相处态度，有下面"以德报德，以德报怨，以直报怨，以怨报德，以怨报怨"五种，不只具完整性，亦与我们在生活中的所见相符合。

1. 以德报德

是太平盛世景象，即君（领导）臣（部属）、父子、夫妇、兄弟、朋友，皆以德待对方，对方亦以德回敬。如《诗经·卫风》里的："投

---

① 《韩诗外传·卷九》
② 《孟子·离娄下》

我以木瓜，报之以琼琚，匪报也，永以为好也。”

……但以刘日薄西山，气息奄奄，人命危浅，朝不虑夕。臣无祖母，无以至今日；祖母无臣，无以终余年。母孙二人，更相为命，是以区区不能废远。

臣密今年四十有四，祖母今年九十有六，是臣尽节于陛下之日长，报养刘之日短也。乌鸟私情，愿乞终养。……[1]

秦穆公尝出，而亡其骏马，自往求之，见人已杀其马，方共食其肉，穆公谓曰："是吾骏马也。"诸人皆惧而起，穆公曰："吾闻食骏马肉，不饮酒者杀人。"即以次饮之酒，杀马者皆惭而去。居三年，晋攻秦穆公，围之，往时食马肉者，相谓曰："可以出死报食马得酒之恩矣。"遂溃围。穆公卒得以解难，胜晋，获惠公以归，此德出而福反也。[2]

楚庄王赐群臣酒，日暮酒酣，灯烛灭，乃有人引美人之衣者，美人援绝其冠缨，告王曰："今者烛灭，有引妾衣者，妾援得其冠缨持之，趣火来上，视绝缨者。"王曰："赐人酒，使醉失礼，奈何欲显妇人之节而辱士乎？"乃命左右曰："今日与寡人饮，不绝冠缨者不欢。"群臣百有余人皆绝去其冠缨而上火，卒尽欢而罢。居二年，晋与楚战，有一臣常在前，五合五奋，首却敌，卒得胜之。庄王怪而问曰："寡人德薄，又未尝异子，子何故出死不疑如是？"对曰："臣当死，往者醉失礼，王隐忍不暴而诛也；臣终不敢以荫蔽之德而不显报王也，常愿肝脑涂地，用颈血湔敌久矣，臣乃夜绝缨者。"遂败晋军，楚得以强，此有阴德者必有阳报也。[3]

---

① 李密：《陈情表》
② 《说苑·复恩》
③ 《说苑·复恩》

2. 以德报怨

平时多出现在父母待儿女、老师待学生、长官待部属关系。乱世，亦有下对上“以德报怨”情形，闵子骞即是代表，但罕见。

孔子弟子闵子骞，早丧母。父娶后母。生二子，衣以棉絮。闵损，衣以芦花。一日，父令损御车，体寒失鞭。父察知其故，欲休后母，损曰：“母在一子单，母去三子寒。”后母闻之，卒悔改。（《说苑》《二十四孝》皆有记载。）

1945 年 8 月 15 日日本投降。据闻，蒋介石对日即采“以德报怨”政策。如是，经过近七十年的验证，日本竟然罔顾历史罪恶，又欲夺我国土。显然是蒋介石错用人际互动关系，为中华民族留下无穷祸患。

3. 以直报怨

“孺悲欲见孔子，孔子辞以疾。将命者出户，取瑟而歌，使之闻之。”（《论语·阳货》）

本章放在《论语》里面十分扎眼，与孔子一向予人“温，良，恭，俭，让”风范迥然不同。唯一可以借鉴，在《子张》有叔孙武叔、陈子禽二人对孔子有微词，遭了贡严言驳斥，据以是否另有人（如孺悲）亦常在外搬弄是非，对孔子说三道四，以为孔子不知情，想来试探究竟，于是有了本章的出现。

检验自己一生，亦曾出现两次有人在外无中生有讲我坏话的情况，当我知道后，即采取孔子似的“以直报怨”对待。

4. 以怨报德

子曰：“好仁不好学（智），其蔽也愚。”（《论语·阳货》）

清朝咸丰帝在热河，临危时，曾密书硃谕一纸，授慈安后，略说：“那拉贵妃（指慈禧）如恃子为帝，骄纵不法，可即按祖制处治（死）。”后来慈安后取示慈禧，令她警诫一二。慈禧虽是刚强，不敢专恣。东陵祭后，她想消灭遗旨，正苦无法，巧遇慈安后稍有感冒，太医进方，没甚效验，过了数日，不药而愈。慈安遂语慈禧，说服药实是无用。慈禧微笑，慈安不觉暗异。忽见慈禧左臂缠帛，便问她何故？慈禧道："前日见太后不适，进参汁时，曾割肉片同煎，聊尽微忱。"慈安听闻此言，大为感动，竟取出先帝密谕焚毁，隐示报德的意思，其实正中了慈禧的阴谋。一着得手，两着又来。慈安竟致暴崩，谣言说是中毒。①

5. 以怨报怨

2001 年 9 月 11 日 8 时 46 分，19 名（中东称烈士，美方则叫暴徒、恐怖分子）劫机者分别挟持四架客机，对美国纽约世贸双子大厦、国防部五角大厦展开自杀式恐怖袭击。大楼坍塌，遇难者近三千人；使美国的直接经济损失较重。是美国自 1776 年建国以来，遭受外敌攻击最严重的一次惨案。以因果论，这是"果"，那"因"是什么？

把时间往以前推，惨案前十个月，美军曾猛烈轰炸巴格达，同时，以色列靠着美国撑腰，滥杀巴勒斯坦人民。造成中东人民生命、财产的重大损失，怨恨之心便在家破人亡下萌生。

果因循环，"9·11"又成了因。二十世纪中叶，美国对他国只要看不顺眼，无仇尚要掀三尺浪，何况有仇？于是迫不及待，编一个藏有化学武器的理由，便堂而皇之杀进伊拉克、阿富汗。一时，血流成河，骨堆似山，还称之为圣战，符人权、民主，更合美国国家利益的"果"，伪君子面目一览无遗。

---

① 《清史通俗演义·第八十一回》，台湾（世华文化社），1980 年 7 月。

拾遗

论人品，有圣人、贤人、达人、成人、君子、小人之分。

谈智商，有“生而知之者，上也。学而知之者，次也。困而学之，又其次也。困而不学，民斯为下矣”（《论语·季氏》）之别。

人与人互动，则分：以德报德，以德报怨，以直报怨，以怨报德，以怨报怨五类。

唯有彼此相知、相重、相谅、相容、相怜、相和，才是人类永存之道，舍此，怨怨下一步，相亡！

第十四章　正名

子路曰：“卫君待子而为政，子将奚先？”

子曰：“必也正名乎！”

子路曰：“有是哉，子之迂也！奚其正？”

子曰：野哉，由也！君子于其所不知，盖阙如也。名不正，则言不顺；言不顺，则事不成；事不成，则礼乐不兴；礼乐不兴，则刑罚不中；刑罚不中，则民无所措手足。故君子名之必可言也，言之必可行也。君子于其言，无所苟而已矣。（《论语·子路》）

译文

子路问：“如果卫国国君请夫子去主持国政，夫子想从哪儿着手？”

孔子说：“首先帮助国君像个国君，父亲像个父亲，儿子像个儿子。”

子路说：“有这个必要吗？夫子太迂腐了！为何要先正名？”

孔子说：“怎么这样粗野，仲由呀！一个有智慧的人对于自己不懂的东西，一定要思而后言，不会遽然妄下判断。为政者要是名不副实，说起话来就不会理直气壮；说话不能理直气壮，做事就不会顺遂；做事不会顺遂，就不能正常教化礼乐；不能正常教化礼乐，刑罚施行就会失当；刑罚施行失当，人民言行举止就不知所措。所以有智慧的人为政，首先要做到人人名副其实，然后才可以言，可以行。有智慧的人对于自己说的任何一句话，都不可以苟且随便啊！”

臆解

见名观实。相符为真，相背为伪。如父是名，慈则为实。君，不似君待臣以礼；父，不似父待子以慈，何来臣忠、子孝？

相关资料

一、子张问：“士何如斯可谓之达矣？”子曰：“何哉，尔所谓达者？”子张对曰：“在邦必闻，在家必闻。”子曰：“是闻也，非达也。夫达也者，质直而好义，察言而观色，虑以下人。在邦必达，在家必达。夫闻也者，色取仁而行违，居之不疑。在邦必闻，在家必闻。”（《论语·颜渊》）

二、邦君之妻，君称之曰夫人，夫人自称曰小童；邦人称之曰君夫人，称诸异邦曰寡小君；异邦人称之，亦曰君夫人。（《论语·季氏》）

三、子曰：“恶紫之夺朱也，恶郑声之乱雅乐也，恶利口之覆邦家者。”（《论语·阳货》）

四、齐景公问政于孔子，孔子对曰：“君君，臣臣，父父，子子。”公曰：“善哉！信如君不君，臣不臣，父不父，子不子，虽有粟，吾得而食诸？”（《论语·颜渊》）

解析

本意缘由：卫国国君灵公夫人南子，好淫，与嬖臣弥子瑕有染，儿子蒯聩欲杀之，遭驱逐国外。灵公死，立蒯聩之子为卫出公。蒯聩回国欲与儿子争夺权位。是时，卫出公派人请孔子为政。子路迷惑，乃有本章出现。

人，是群体动物。欲相安，必具若干条件，首要在"正名"，即"名副其实"。人伦有五，即君臣、父子、夫妇、兄弟、朋友是名。君礼、臣忠；父慈、子孝；夫和妻顺；兄友弟恭；朋友义，就是各自的实。名正，实符，国泰民安；反之，国破家亡。

一、弟子子张性格好高骛远，误认达人即闻（名）人。夫子告以二者差异，达人视富贵如浮云，人生态度，有所为，有所不为。闻（名）人，外表扮成好人、仁人，行起来唯利是图。

前者名副其实；后者名不副实。

二、人的称谓，要如其分。卫灵公夫人南子，因对方身份而出现不同的称谓。国君称她为夫人，自称为小童……名实相符；相悖，危。如有人称别人妻子为老婆，就成了社会问题。

三、紫与朱相似，但不相同。郑声与雅乐，虽都是音乐，却有雅俗之分。自有人类以来，这种似是而非，混淆是非、善恶的新闻，无日无之。而到了所谓民主、自由、人权的今天，更是助长这歪风盛行。《金瓶梅》里的西门庆，便是挂着善人招牌行强夺拐骗之勾当的地方名人。

四、孔子讲人际关系，采互重、互敬，是名实相符的相对主义。即君（领导）先要求自己"克己复礼"待臣，然后才能感化臣子以忠回报；父先以慈待子女，子女才会因感恩回报以孝；夫先以义待妻，妻则以情回馈；兄友而后弟恭；朋友以义互存。《礼记·曲礼》的"礼尚往来，往而不来，非礼也；来而不往，亦非礼也”即是孔子贵平等思想的归纳。

汉董仲舒为了讨好皇帝，却擅自改用“三纲”思想，把臣、子的义务绝对化，而君、父却不承担任何道德约束，孔子努力倡导的“名副其实”的权利与义务对等关系，从此寿终正寝。孔子的“君君，臣臣，父父，子子”也就成聊备一格的具文。

拾遗

“正名”是孔子遗留与子孙各守其分的伦理规范，却不幸成了他的预言：人人名副其实，国家兴盛，百姓丰衣足食；相反，国乱民困。

春秋、战国、秦朝，是乱世，人民贱如蚂蚁。进入汉朝初期，汉高祖推行休养生息的政策，节用爱民，乃有文景盛世。黄巾之乱，汉亡，三国兴，乃至魏、晋、南北朝，陶渊明的《桃花源记》成为了这段历史的证据。循史而下，莫不因名不副实而祸患不断，唯到了唐初李世民，重正名，乃有“贞观盛世”。而魏徵的“陛下导臣使言，臣所以敢言。若陛下不受臣言，臣亦何敢犯龙鳞，触忌讳也”（《贞观政要·论任贤》）的一席话，道出能成为盛世，端赖“君君（君待臣以礼），才有臣臣（臣事君以忠）的君臣名副其实”。

第十五章　照妖镜

子曰："视其所以，观其所由，察其所安，人焉廋哉？人焉廋哉？"（《论语·为政》）

译文

孔子说："了解一个人，首先看他做这件事情的动机，其次看他如何去做这件事情，然后观察他做了这样事情后的态度，他的善恶、真假又怎能隐瞒得住呢？又怎能隐瞒得住呢？"

臆解

孔子用智慧为后人制造了一面镜子，它叫"照妖镜"。

相关资料

一、子曰："不知言，无以知人也。"（《论语·尧曰》）

二、宰我问曰："仁者，虽告之曰：'井有仁焉。'其从之也？"子曰："何为其然也？君子可逝也，不可陷也；可欺也，不可罔也。"（《论语·雍也》）

三、子贡问曰："乡人皆好之，何如？"子曰："未可也。"

"乡人皆恶之，何如？"子曰："未可也。不如乡人之善者好之，其不善者恶之。"（《论语·子路》）

四、子曰："君子泰而不骄，小人骄而不泰。"（《论语·子路》）

五、子曰："群居终日，言不及义，好行小慧，难矣哉。"（《论语·卫灵公》）

六、子曰："乡原（yuàn），德之贼（没有德行）也。"（《论语·阳货》）

七、子曰："士而怀居（享受），不足以为士矣。"（《论语·宪问》）

八、子曰："道听而途说，德之弃（没有智德）也。"（《论语·阳货》）

解析

下面两则史料，能助我们对本章增加了解。

（齐桓公）四十一年，秦穆公虏晋惠公，复归之。是岁，管仲、隰朋皆卒。管仲病，桓公问曰："群臣谁可相者？"管仲曰："知臣莫如君。"公曰："易牙如何？"对曰："杀子以适君，非人情，不可。"公曰："开方如何？"对曰："倍亲以适君，非人情，难近。"公曰："竖刁如何？"对曰："自宫以适君，非人情，难亲。"管仲死，而桓公不用管仲言，卒近用三子，三子专权。不久，公有病，易牙，竖刁相与作乱，饿死。二月不葬。[1]

曹公遣刺客见刘备，方得交接，开论伐魏形势，甚合备计。稍欲亲近，刺者尚未得便会，既而亮入，魏客神色失措。亮因而察之，

① 《史记·齐太公世家》

亦知非常人。须臾，客如厕，备谓亮曰：“向得奇士，足以助君补益。”亮问所在，备曰：“起者其人也。”亮徐叹曰：“观客色动而神惧，视低而忤数，奸形外漏，邪心内藏，必曹氏刺客也。”追之，已越墙而走。[①]

一、言为心声。一个人的善恶、正邪、真假，只要听其言，再观其眼、色，大致都会原形毕露。孔子、孟子、范蠡，乃至孔明、曾国藩皆长此道。

二、救人是“仁”，保护自己亦是“仁”。缺一不是禽兽，就是暴虎冯河。听说有人掉进井里，怎么办？首先用“智”判断此事真假，确定是否前去一探究竟。属实，想方设法将人救出。

在《论语》中，宰我、子贡列言语科，皆精灵善问，常意在言外，此次宰我之问是否隐示夫子对某些特别事故的处理做到利人亦不损己的万全之计？我认为，宰我多虑了。

三、“方以类聚，物以群分。”意谓君子好与君子为朋；小人好与小人为党。观察一个人是善是恶，从其交友即一目了然。

四、小人唯利是图，常随外在环境而呈现其喜怒哀乐；至于君子，多半具有视富贵如过眼烟云，故能淡然处之。此亦是供人观察别人内心世界方法之一。

五、本章似孔子的谶言，在二千五百年前即预卜出许多人一生都在“群居终日，言不及义，好行小慧（玩小聪明），难矣哉”（《论语·卫灵公》）的环境中。生是糊涂人，死是糊涂鬼！

六、孔子对人性的观察，如同X光机，心肝五脏，一目了然。“乡原”，即是他为后人留下的珍贵谶言之一。

何谓乡原？心中没有是非、善恶，唯利是从。古人有，今人亦不

---

① 《三国志·蜀书诸葛亮传》

少。无日无之。孟子在《孟子·尽心篇下》有鞭辟入里的描述。

七、“居”，当“享受”解，“享受”与“立志”（指有抱负理想的人）二者薰莸不同器。志士，必舍享受才能成功。二者不并立，因性相异。孔子一生，以士（君子，师表）为鹄，故视富贵若浮云，才能成其大。

八、在《国策》中有两则小故事，都受“道听途说”之害。一是曾参杀人，骗得曾母信以为真，惧逾墙而逃。二是“夫市之无虎明矣，然而三人（泛指许多人）言而成虎”。即或在今天，因“道听途说”而弄得社会人心惶惶，时有听闻。

唯智者可以止谣，但众生愚昧多，智者少。“道听途说”的盲目传播，亦必与人类共存。

拾遗

人说：“熟读唐诗三百首，不会作诗也会偷。”

我说：“熟学《论语》照妖镜，不会捉妖也知谁是妖。”

清人吴沃尧在《二十年目睹之怪现状》里，将“妖”分成三种：第一种是蛇、虫、鼠、蚁，虽讨厌却不致要人之命。第二种是豺、狼、虎、豹，藏之深山，不去招惹，亦能平安度日。第三种是魑魅魍魉，最难防范，不知其从何而来，更不知其心是吃我？骗我？戏弄我？由于他们都拥有像孙悟空的七十二变，或以低眉菩萨？黄口小儿？慈祥老人？艳丽美女出现，防不胜防。遇上了，除非用“照妖镜”，照出他们的本来面目，或敬妖而远之；或诉之于官。目的只有一个：明哲保身。

孔子仿若是一位卓越的摄心家，将人性万象捕捉下来，供后人欣赏、自省、警惕，并从中找到人生道路上的平衡点，走得安全、自由。

孔子创造“照妖镜”，不仅照人，还可照出有些素以民主、人权、自由标榜的超级帝国，外观，似天使；若用“照妖镜”透视，则是蛇蝎魍魉。

第十六章　钟鼎山林各天性

子曰："道不同，不相为谋。"（《论语·卫灵公》）

译文

孔子说："人与人之间如果主张、志向、爱好不同，就不可能在一起讨论问题。"

臆解

人生道路上，遇到志同道合的人，是幸；没碰着，是命。幸，是福。知命，才能把一个人铸成人间千古不朽之北辰。代表人物：孔子、佛陀、老子。

相关资料

一、孔子于乡党（乡里），恂恂（恭敬）如也，似不能言者（彼此交谈什么）。

其在宗庙、朝廷（论政地方），便便言（言简意赅），唯谨尔（态度自然恭谨）。（《论语·乡党》）

二、互乡难与言（善），童子见，门人惑。子曰："与其（今）进也，不与其退也（往日言行）。唯何甚（拒人门外）？人洁己以进，与其洁也，不保其往（从前已去）也。"（《论语·述而》）

三、齐人归女乐，季桓子受之，三日不朝（论政事），孔子行。（《论语·微子》）

四、卫灵公问陈（军事）于孔子。孔子对曰："俎豆（礼乐）之事，则尝闻之矣。军旅之事，未之学也。"明日遂行。（《论语·卫灵公》）

五、孺悲（鲁官吏）欲见孔子，孔子辞以疾。将命者（传达人）出户，取瑟而歌，使之闻之。（《论语·阳货》）

解析

一个人出生，受遗传、环境、家庭、教育、社会、国家，乃至世界各方面不同的影响，逐渐凝聚成一个与他人不同的意识，我们称为天性（天命）。有些人天性近似，如管仲与鲍叔牙；有的人相左，如孔子与桓魋。

孔子洞烛人性纷杂，知天性近似，相聚，固是鱼水相得；相远的，如人人任己性而为，必为社会引来灾难，乃提出互为宽容，谦让的"道不同，不相为谋"补偏救弊，用心良苦。

一、"孔子于乡党，恂恂如也，似不能言者……"孔子好学，不代表乡里的都好学。好学与不好学之间，最大障碍是彼此思想如何交流？我曾居陋巷多年，邻居皆忠厚憨实农工，唯一遗憾，不喜读书，予以聊天，有不知从何而谈之苦。久之，早晚碰面，以笑脸、点头、谦躬、行礼如仪，成了每天上演的老戏。唯如此，彼此虽"道不同，不相为谋"尚能相敬如宾。

二、互乡难与言（善）。孔子采"恕"与童子处，不失是最好的相处方法。

三、四、孔子采用“隐、退”减少好多纠葛，我们如碰见类似状况，不妨“见贤思齐”？

五、是特例，古今儒者对此都避而不谈。愚见，孺悲似叔孙武叔（《论语·子张》），常在外毁谤孔子，孔子知之，先以“恕”待。一天，他竟然上门一探究竟，孔子用“以直报怨”（《论语·宪问》）行无言之教，让他知愧而退。

拾遗

孔子幼失怙恃，一生恓恓惶惶。及长，不见良师益友相伴而行。唯赖自我砥砺，始有“吾十有五而志于学……从心所欲，不逾矩”（《论语·为政》），站在泰山顶峰为来往行人指点迷津。

第十七章　孔子尚行，今人重言

子曰："君子欲讷于言，而敏于行。"（《论语·里仁》）

译文

孔子说："智者言语谨慎，行事敏捷。"

臆解

孔子思想，一言以蔽之——能行。

相关资料

一、子贡方人。子曰："赐也贤乎哉！夫我则不暇。"（《论语·宪问》）

二、子曰："道听而途说，德之弃也。"（《论语·阳货》）

三、王黄门（官署名）兄弟三人俱诣谢公（安）。子猷、子重多说俗事（言不及义），子敬（王羲之第七子）寒温而已。既出，坐客问谢公："向三贤孰愈（好）？"谢公曰："小者最胜。"客曰："何以知之？”谢公曰：“吉人之辞寡，躁人之辞多，推此知之。”[1]

解析

一、言语似利刃，可以切菜，也能伤人、杀人。

夫子责子贡“方人”的时间，应在鲁定公十三年，孔子年五十五岁，去鲁经卫，子贡二十四岁入孔门时。因慧敏颖悟，恃才傲物，常有“方人”之语待同门，受到夫子婉责。后经夫子谆谆教化，脱胎换骨。乃有鲁哀公十四年（孔子七十一岁），鲁有被齐侵略之虞。夫子派子贡游走列国折冲樽俎以救鲁。“故子贡一出，存鲁，乱齐，破吴，强晋而霸越。子贡一使，使势相破，十年之中，五国各有变。”[2]乃有夫子赞“汝器也”（喻是任重道远的大车——《论语·公冶长》）。从“好方人”的生涩青年，经夫子因材施教成了当时纵横国际的外交奇才，开后来战国纵横家之风。

二、人性通病，一直在似昼夜、日月周而复始。有个和曾参同姓名的人杀了人。第一个人去告诉曾参母亲，她置之不理，相信儿子不会杀人。跟着，前后有多人告诉曾母。曾母便信以为真，翻墙而逃。这个故事，不少人都听过。

至于其他类似故事，仍一再重复上演，许多人都信而不疑。好似在2011年，有人“道听途说”世界末日将到来，害得有些人集体自杀，或惶惶如丧家犬。多年前，我任职学校，骤然间，社会闹鬼之风四起，一时风声鹤唳。工厂女工不敢上夜班，夜校女生不敢上课，经过一段时间才逐渐恢复正常。

不论古今，只在证明，“道听途说”信以为真的人是患了偏盲症，

---

① 《世说新语·品藻第九》
② 《史记·仲尼弟子列传》

即少了辨别真假、是非、善恶的“智慧”。

三、孔子的“讷于言，而敏于行”箴言。王羲之儿子拜访谢安（晋贤相，名将）。谢听言而评其人，以“吉人之辞寡，躁人之辞多”定他们将来人生之路的顺逆，可谓善于观人。

拾遗

董仲舒为了读书破万卷，“三年不窥园”，开后人坐而论道之先河。假如孔子泉下有知，会怎样想？《儒林外史》《红楼梦》似透露一些玄机。进入宋朝，赵匡胤的“重文轻武”无疑对宋明理学起了推波助澜的作用，以言代行之风盛行，利口弱身的书生便成了国人生活品质特征的标志。

1937 年，日军侵华，断言三个月灭亡中国，听来刺耳、愤恨：我联想到戏剧舞台上似秋风落叶的书生。

第十八章　不随权贵言行起舞

齐人归女乐，季桓子受之，三日不朝，孔子行。（《论语·微子》）

译文

齐国送给鲁国一批擅长歌舞的美女，大夫季桓子欣然接受，从此国君好多天不上朝问政，孔子于是离开了鲁国。

臆解

好色，是人的天性；智者，适当节制。愚者则用权威对“色”予取予求。唐高宗可以把武则天抓来当老婆，唐玄宗可以把儿媳占为己有。孔子的“吾未见好德如好色者也”（《论语·卫灵公》）乃成了他对权贵的谶言。

相关资料

一、子曰：“吾未见（国君）好德如好色者也。”（《论语·卫灵公》）

二、康子（季康子，鲁国上卿）馈药，拜而受之，曰：“丘未达（不

懂药性），不敢尝。”（《论语·乡党》）

三、卫灵公问陈（同阵，指军事）于孔子。孔子对曰：“俎豆（礼乐）之事，则尝闻之矣；军旅之事，未之学也。明日遂行。”……（《论语·卫灵公》）

四、子曰：“天生德于予，桓魋（宋国大夫）其如予何？”（《论语·述而》）

五、子曰：“笃信好学，守死善道。危邦不入，乱邦不居。天下有道则见（现），无道则隐。邦有道，贫且贱焉，耻也；邦无道，富且贵焉，耻也。”（《论语·泰伯》）

解析

本章和资料一至四是孔子在“道不同，不相为谋”（《论语·卫灵公》）行为上的表现。资料五，是孔子思想理念，遇见爱民如子的领导就出来辅佐；遇到视民如草芥的暴君则隐居起来。等待“时机”再出来做事。

以史为鉴，可以知孔子仕途进退，是与其“君子（智者）之于天下也，无适也，无莫也，义之与比”（《论语·里仁》）符合。

贤臣比干，碰上暴君帝纣，退是上策；进是下策，而且是凶策。不幸，他选择下策，被这个暴君侄儿剖心挖肝而亡。而微子（纣王庶兄）采“无道则隐”，逃之夭夭，得以终天年，故被孔子列为“殷有三仁焉”之首。（《论语·微子》）

秦始皇长子（太子），宗孔子仁民思想，主行仁政。可惜没有学到孔子对仕途采取“有道则现，无道则隐”明哲保身之道，而采取直谏，致惹暴君猝死于沙丘平台，遭宦官赵高、丞相李斯设计，篡改遗诏，不仅丢了江山，还赔上自己的性命。却意外成就了刘邦的汉家天下。[①]

宋朝韩世忠，就深谙孔子进退自如之道，既无法改变宋高宗的颟预识浅，亦难撼动权倾朝野私通金国的汉奸秦桧，唯有上书辞职。自此杜门谢客，悠游林下安享余生。

拾遗

孔子言论兼箴言、谶言之妙，端看我们如何去找出他深邃微言，用来当自己人生百毒不侵的盾牌。

综合本章及资料五是思、言；一至四则是行。将思、言、行连串起来，就是孔子在《论语·里仁》讲的“吾道一以贯之”。

① 《史记·秦始皇本纪》

第十九章　君子不发誓

子见南子，子路不说。夫子矢之曰："予所否者，天厌之！天厌之！"（《论语·雍也》）

译文

孔子被迫去见卫灵公的夫人南子，子路不高兴，怕影响夫子声誉。孔子正色地说："我和你的看法不一样，对于具有争议性的人，我一定亲自观察，如果她有不当的地方，不仅我厌弃她，天也会厌弃她！天也会厌弃她！"

臆解

孔子不发誓，发誓非孔子。我当了十五年教育园丁，尚不屑用"发誓"取信学生，何况被弟子视为日、月、海的夫子？

相关资料

一、子曰："直哉史鱼！邦有道，如矢；邦无道，如矢。君子哉蘧伯玉！邦有道，则仕；邦无道，则可卷而怀之。"（《论语·卫

灵公》）

二、子曰："二三子以我为隐乎？吾无隐乎尔。吾无行而不与二三子者，是丘也。"（《论语·述而》）

三、灵公夫人有南子者，使人谓孔子曰："四方之君子不辱欲与寡君为兄弟者，必见寡小君。寡小君愿见。"孔子辞谢，不得已而见之。夫人在絺帷中。孔子入门，北面稽首。夫人自帷中再拜，环佩玉声璆然。孔子曰："吾乡为弗见，见之礼答焉。"子路不说。孔子矢之曰："予所否者，天厌之！天厌之！"居卫月余，灵公与夫人同车，宦者雍渠参乘，出，使孔子为次乘，招摇市过之。孔子曰："吾未见好德如好色者也。"于是丑之，去卫，过曹。是岁，鲁定公卒。[①]

解析

一、孔子赞美史鱼，不论邦有道，无道，言行皆似射箭正直，以此证与孔子之"矢"，意同。

二、有疑夫子隐藏某些学问，未教弟子，以"吾无行而不与二三子者，是丘也"《论语·述而》及《论语·季氏》陈亢的问一得二，"并证"，如仍将"矢"当发誓用，显示古人尚未入孔子堂奥。

三、如司马迁记载为实，孔子无奈，"不得已而见南子"，后目睹其迷媚卫灵公丑态，不耻，离卫。

"矢"，在《康熙字典》《辞源》，有"箭""正直""发誓"三义，孰是孔子本意？

朱子《四书章句集注》，刘宝楠《论语正义》都沿用孔安国释"矢"为"誓"。我有点怀疑，这些所谓硕学大儒究竟了解孔子多少？

---

① 《史记·孔子世家》

后人尊孔子为圣贤，即他呈现在我们前面的言行举止之高山景行，予人统一、一贯、完美性。如是，他就不可能为了取得子路相信而呈现以“发誓”回应的滑稽画面。

拾遗

我曾在台湾教育界任职近二十年，就从未因处理任何事情，对学生的疑问而发过誓。我只是千千万万教育园丁里微不足道之一，尚知发誓是人生大事，那被后人尊为万世师表的孔子难道会出现以发誓取信弟子的镜头？

于是，有了前面把“矢”当“正言”解的译文。

第二十章　孔子的幽默

子贡曰："有美玉于斯，韫椟而藏诸，求善贾而沽诸？子曰："沽之哉！沽之哉！我待贾者也。"（《论语·子罕》）

译文

子贡说："如果那里有一块美玉，是把它藏在匣子里？还是找个识货的行家卖掉它呢？"孔子说："卖掉它！卖掉它！我正在等待识货的行家呢！"

臆解

子贡商贾性格：用"求"；孔子思想家风范，用"待"。妙！

相关资料

一、达巷党人曰："大哉孔子！博学而无所成名。"子闻之，谓门弟子曰："吾何执？执御乎？执射乎？吾执御矣。"（《论语·子罕》）

二、子疾病，子路请祷。子曰："有诸？"子路对曰："有之。《诔》曰：'祷尔于上下神祇。'"子曰："丘之祷久矣。"（《论语·述而》）

三、子贡问于孔子曰："死者有知乎？将无知乎？"子曰："吾欲言死之有知，将恐孝子顺孙妨生以送死；吾欲言死之无知，将恐不孝之子弃其亲而不葬。赐不欲知死者有知与无知，非今之急，后自知之。"①

四、孔子适郑，与弟子相失，孔子独立郭东门。郑人或谓子贡曰："东门有人，其颡似尧，其项类皋陶，其肩类子产，然自要以下不及禹三寸，累累若丧家之狗。"子贡以实告孔子。孔子欣然笑曰："形状，末也。而谓似丧家之狗，然哉！然哉！"②

解析

幽默是"名"，源自西方 Humor 的音译，其"实"，含有智慧、谦虚、豁达、讽刺、调侃、无奈、自嘲、隐喻、自信，意在言外，婉转曲折，不涉第三人，乃至不怨天尤人等义。我们要是交到这种具有幽默感的朋友不只是益友，还因为他的春风化雨，延年益寿。有幽默大师之称的林语堂，在他的《吾国与吾民》《生活的艺术》《论孔子的幽默》、《一夕话》等书都有专文介绍：人际关系要是加入了幽默，有助社会和谐。

公元前七八百年，我国的《诗经》已有先人用幽默唱出含有无奈、婉转曲折、以鼠喻魏国权贵压榨人民的诗歌：

"硕鼠硕鼠，无食我黍；三岁贯（侍侯）女，莫我肯顾（爱民）。

"誓将去女（发誓离开），适彼乐土（找新家），乐土乐土，爰得我所。"③

---

① 《家语·致思》
② 《史记·孔子世家》
③ 《诗经·魏风》

孔子集古文化大成，自然也承袭了先民遗传的幽默基因。散落在《论语》，我像一个小孩，仅在里面捡到几个视为奇珍的幽默小故事，呈献与读者共享。

首先，介绍本章子贡与夫子的一段精彩对话。谈及家中藏有宝贝（喻稀有人才），子贡是商人性格，劝夫子拿出去公开“求”售；而夫子秉世有伯乐而后有千里马之意，如世有似文王求才如渴贤君，不需我去找他，他会亲自造访请益。如不是贤君，我即或在街上贩售，亦无人问津，师徒一问一答，一个用“待”，时来则出；一个用“求”，沿街兜卖，二人高下立断。

一、这一章背景似发生在孔子青壮年尚未入仕时。乡里人认为孔子已是地方杰出人才，问为何没有成为名人？孔子一生以“下学而上达（道）”为鹄，因而重“达”轻“名”。而乡人却认为大家都知道他名字的人才是最重要的。“道不同，不相为谋。”（《论语·卫灵公》），不想辜负他们的期待，只有自我调笑，用“六艺”的“射，御”最易得名声，而有了“我还是学骑马驰骋道路”，容易让别人知道我是谁。

二、子路是夫子最喜欢却又挨骂最多的弟子，一生对夫子事之如父、兄、师。有天夫子病了，子路祈祷上天保佑他早日康复。夫子却回以，如有效，我早祷了，符合夫子一贯不信鬼神的思想，子路妙祷，夫子妙答，意在言外，师生情深。

三、“子不语怪、力、乱、神”（《论语·述而》）是弟子们从旁观察夫子的集体总结。子贡又犯了多言的毛病。夫子一句“死后自知”，让子贡碰了一个软钉子，同时，也欣赏到孔子的幽默风趣，意在言外，像山泉清流，把子贡一身尘垢冲洗干净，经师易见，人师难求，子贡幸而得之，不亦快哉！

四、描述师徒因战祸失散后重逢。子贡把路人看见夫子流落街头似丧家狗如实道出。夫子不以为意；别人捧他的话，只字不提，却自嘲的确是一条垂下尾巴的丧家狗。虽是重复别人的话，却由他自己轻松说出，洋溢着他的自信、豁达，让人肃然起敬，这才是子贡在《论语·子张》形容的“夫子之不可及也，犹天之不可阶而升也”。

拾遗

孔子留与后人的文化遗产应有尽有，幽默就是其中重要遗产之一，可惜弟子没有学到而传承下来。虽有庄子、司马迁继之，却少了孔子的尘土味，已属难得，以后逐渐式微。进入宋代，理学兴，幽默亡。

好在宋代以后的稗官野史，为幽默提供了空间、养分，因而在《济公传》《水浒传》《西游记》《儒林外史》《官场现形记》《聊斋志异》等书还会偶尔看见他载浮载沉的踪影，只是知音太少，成了市井小民茶余饭后耍嘴皮的谈资。

民初，林语堂、辜鸿铭、吴稚晖等人对此做了浇水施肥等工作，却敌不过积习已入膏肓的迂儒。以我为证，从事军、教数十年，正襟危坐听了不计其数领导、学者、教授、专家讲话，记忆所及，仿佛还没有一次享受过“忘时间之消逝”滋味，使我想起林语堂说的“绅士的讲演，应当是像女人的裙子，越短越好”[①]。

① 林语堂：《八十自序》

第二十一章　预言

子张问："十世可知也？"子曰："殷因于夏礼，所损益可知也。周因于殷礼，所损益可知也。其或继周者，虽百世可知也。"（《论语·为政》）

译文

子张问："可以预知十代以后的礼仪、文化吗？"孔子说："商朝继承了夏朝的礼仪、文化，所废除的和新增的，是可以知道的。周朝继承了商朝的礼仪、文化，所废除的和新增的，也是可以知道的。依此类推，将来有继承周朝的，即使继承一百世，那也是可以知道的。"

臆解

人的情欲，古今相似，显现在政治，亦相去不远。因而，从夏而商至周，乃至将来，虽百代亦能预测出变化走向。观春秋、战国、秦汉，再看近百年两次世界大战始末，有何特别不同？关键变数是武器由刀矛至核弹，一旦使用，人类将在刹那化为乌有。

相关资料

一、闵子侍侧，訚訚（yín，和颜悦色的样子。）如也；子路行行（hàng，刚强勇武）如也；冉有、子贡，侃侃（说话理直气壮）如也。子乐。"若由也，不得其死（不得善终）然。"（《论语·先进》）

二、子曰："吾未见（国君）好德如好色者也。"（《论语·子罕》）

三、子谓子夏曰："女为君子（豁达大度）儒，无为小人儒。"（《论语·雍也》）

四、子适卫，冉有仆。子曰："庶矣哉！"冉有曰："既庶矣，又何加焉？"曰："富之。"曰："既富矣，又何加焉？"曰："教（智，仁，勇）之。"（《论语·子路》）

五、子曰："莫我知也夫！"子贡曰："何为其莫知子也？"子曰："不怨天，不尤人；下学而上达（智）。知我者其天乎！"（《论语·宪问》）

解析

孔门弟子子张思想最为庞杂，言多气盛，问话广泛，曾向夫子问仁、达、政、明、干禄（做官），善人之道、崇德辩惑，和本章"十世可知"等。

孔子"好古"（《论语·述而》），从过去历史看到政权兴亡之道和朝代更替时所作适合新政权的损益，开拓了他智慧的领域，由历史延伸到对未来的了解，以之预卜人的将来吉凶、顺逆，也包括他自己。

一、所记"若由也，不得其死然"，即是他从子路平时的言行莽撞、粗鲁，如不予以修其天性之失，必会为自己带来祸患，不幸而言中，孔子逝世前一年，子路在卫参与政变而被敌人砍成肉酱。[①]

二、经过两千多年历史长河的洗刷，对于“吾未见好德如好色者也”这句话的真正意义，古今硕学大儒仍是以泛称命题对。如是，孔子、颜回、子路、闵子骞、伯牛、曾参、冉雍等师徒，亦是“吾未见好德如好色”之徒？不符情理，故不从。唯有把这句话放在当时所接触的几个国君身上，当是时，鲁定公、齐景公、卫灵公，不约而同，都有“好色”的不良记录，我们只要在“吾未见”和“好德”之间加入“国君”两个字，孔子本意出来了，弦外之音，凡是有权有势的权贵，大抵都是好色胜好德之徒，如历代天子，哪个皇帝不拥有“后宫佳丽三千人”，供其“好色”之用？本章既是国君好色写照，亦预言古今权贵多半犯“好色胜好德”之病。

三、孔子告诫子夏要做“君子儒”，而不是其他弟子。夫子了解子夏性格褊隘拘谨，因材施教，可惜效果不宏。乃有子夏晚年（距夫子之言约五十余年）因“丧其子而丧其明”（哭瞎了眼睛）被曾参责备。[②]

四、人类进化循“庶（人口），富（丰衣足食），教（礼乐文化）行之”，以臻世界大同。游走两岸数十年，目睹两岸人口“庶”了，跟着也“富”了，却在“教”的前面停了下来，转而追逐名利，致世风日下，再不重“教”社会，国将不国矣。

五、对孔子的其他任何预言，都比不过我对这一章产生的悚惧恐慌。孔子之时，尚有子贡、颜回、子路、仲弓、有若、宓子贱和仪封人（八佾）了解他。千年后的今天，环顾上到政坛显要，下至平头百姓，又有多少人能正确认识孔子，然后进而在他身上吮吸智慧琼浆润心补脑？倒是有人似泼妇骂街，令人齿冷。却让我对孔子能预言千年

---

① 《史记·仲尼弟子列传》
② 《礼记·檀弓上》

后了解他的，仍是无所不见的老天，而心悦诚服。

拾遗

必然加偶然而成历史，历史加狂妄自大是自掘坟墓。

熟悉历史知识，撷取历史得失，用在现在、将来乃是智慧。

周朝存在约八百年，已是龙钟老朽，先有春秋五霸，继之战国七雄。商鞅为秦变法，是必然加偶然，从而有了强秦。秦始皇刚愎自用，梦幻千岁不死而患了狂妄病：造陵墓、修驰道、建长城、焚书坑儒、造阿房宫，进而埋下了亡秦凶祸。刘邦趁势而起，乃有了汉家天下。政久必衰、三国取而代之，以至清末，莫不在孔子“虽百世可知”的预言中。统治了二百多年的清朝已是奄奄一息，乃予日寇可乘之机，侵东北、占济南、上海，到南京大屠杀，国人尸堆如山，血染长江，两粒原子弹便是为其狂妄支付的最低代价，以上这些不都在孔子当年的“预言”之中吗？

我不幸生于日寇侵华前夕，是历史的必然。十七岁把张三当李四，错失娶了三舅母美丽、大方、贤惠侄女为妻的机会是偶然。仅这偶然，让我陷身在自己不喜欢的军营当了一辈子军人。六十岁，又一个偶然，认识了股友，差点淹死在股海，等到爬上岸来，已是一无所有，东躲西藏，逃进孔子花园，找到了栖身之地。久了，耳濡目染，忘岁月之消逝，不自觉当了为孔子思想摇旗呐喊的小兵。

孔子本“物有本末，事有终始，知所先后，则近道矣”[①]之理，用智慧将历史、现世、将来连成一线，以之看将来，即是预言。

① 《大学·经一章》

第二十二章　孔子（桃花源）学校

一、校训

志于道：确立以《礼运大同篇》为人生理想。

据于德：培育知己、修己、立己的高尚品格。

依于仁：学习用仁（内）义（外）与人和谐相处之道。

游于艺：锻炼可以完成大道（理想）所需的“六艺”和实践方法。

二、基础教育

文：历史、文学、礼乐。

行：射御、生活、实践。

忠：做事专心凝志，贯彻始终。

信：待人诚信。

三、分科教育

德行（领导人才）：出色的有颜回、闵子骞、冉伯牛、仲弓。

言语（外交人才）：出色的有宰我、子贡。

为政（军政人才）：出色的有冉有、季路。

文学（文史、礼乐人才）：出色的有子游、子夏。

四、教育特色

1. 效法自然之教

子在川上曰："逝者如斯夫！不舍昼夜。"（《论语·子罕》）

子曰："岁寒，然后知松柏之后凋也。"（《论语·子罕》）

子曰："予欲无言。"子贡曰："子如不言，则小子何述（学）焉？"子曰："天何言哉？四时行焉，百物生焉，天何言哉？"（《论语·阳货》）

2. 身教

子之燕（家）居，申申（仪态自然）如也，夭夭（神色和悦）如也。（《论语·述而》）

子钓而不纲，弋（箭）不射（归）宿（归宿之鸟）。（《论语·述而》）

子绝四：毋意，毋必，毋固，毋我。（《论语·子罕》）

3. 言行合一之教

子曰："学（学习知识）而时习之，不亦说乎？有朋（志同道合之人）自远方来，不亦乐乎？人（别人）不知而不愠（怨恨人），不亦君子（智者）乎？"（《论语·学而》）

子曰："巧言令色，鲜（少）矣仁。"（《论语·学而》）

子曰："为政（师）以德，譬如北辰，居其所而众星（弟子）共（拱）之。"（《论语·为政》）

子曰："不怨天，不尤人；下学而上达。知我者其天乎！"（《论语·宪问》）

子不语怪、力、乱、神。（《论语·述而》）

子曰："德不孤，必有邻。"（《论语·里仁》）

4. 生活随缘之教

色斯举矣，翔而后集。曰："山梁雌雉，时哉！时哉！"子路共之，

（雄雉）三嗅而作（飞）。（《论语 · 乡党》）

子适卫，冉有仆。子曰："庶（人多）矣哉！"冉有曰："既庶矣，又何加焉？"曰："富之。"曰："既富矣，又何加焉？"曰："教（克己复礼）之。"（《论语 · 子路》）

康子馈药，拜而受之。曰："丘未达（不知药性），不敢尝。"（《论语 · 乡党》）

5. 似家庭父（孔子）慈子（弟子）孝之教。

子曰："由之瑟（似琴），奚为于丘之门？"门人（弟子）不敬子路。子曰："由也升堂矣，未入于室也。"（《论语 · 先进》）

子疾病，子路使门人为臣。病间，曰："久矣哉，由之行诈也！无臣而为有臣，吾谁欺？欺天乎？且予与其死于臣之手也，无宁死于二三子之手乎！且予纵不得大葬，予死于道路乎？"（《论语 · 子罕》）

6. 天下何处无教室

杏树下：孔子去曹适宋，与弟子习礼大树下。宋司马桓魋（tuì）欲杀孔子，拔其树。孔子去。[①]

庙堂：子贡欲去告朔之饩羊。子曰："赐也，尔爱其羊，我爱其礼。"（《论语 · 八佾》）

子适卫，冉有仆。子曰："庶矣哉！"冉有曰："既庶矣，又何加焉？"曰："富之。"曰："既富矣，又何加焉？"曰："教之。"（《论语 · 子路》）

五、入学年龄

子曰："自行束修（十五岁）以上，吾未尝无诲焉！"（《论语 · 述而》）

---

① 《史记 · 孔子世家》

六、弟子来源

东郭子惠问于子贡曰："夫子之门何其杂也？"子贡曰："夫隐括之旁多枉木，良医之门多疾人，砥砺之旁多顽钝。夫子修道以俟天下，来者不止，是以杂也。"[①]

七、教育费用

1. 孔子义务教学。

2. 为政或富者弟子自动捐献（金钱、食物）。如子贡、南宫敬叔。

3. 孔子担任官职薪俸。

4. 弟子自备食品。

以上系笔者臆测，但肯定"束修"不是肉干。

八、因材施教

德行：颜渊，闵子骞，冉伯牛，仲弓；言语：宰我，子贡；政事：冉有，季路；文学：子游，子夏。（《论语·先进》）

九、因材施用

子曰："雍也可使南面。"（《论语·雍也》）

子贡问曰："赐也何如？"子曰："女，器也。"曰："何器也？"曰："瑚琏也。"（《论语·公冶长》）

子曰："先进于礼乐，野人也；后进于礼乐，君子也。如用之，则吾从先进。"（《论语·先进》）

十、校园生活剪影

1. 闵子侍侧，訚訚如也；子路，行行如也；冉有、子贡，侃侃如也。子乐。（《论语·先进》）

2. 孔子去曹适宋，与弟子习礼大树下。宋司马桓魋欲杀孔子，拔

---

① 《说苑·杂言》

其树。孔子去。弟子曰：“可以速矣。”孔子曰：“天生德于予，桓魋其如予何！”①

3. 颜渊、季路侍。子曰：“盍各言尔志？”

子路曰：“愿车马衣裘，与朋友共，敝之而无憾。”

颜渊曰：“愿无伐善，无施劳。”

子路曰：“愿闻子之志！”

子曰：“老者安之，朋友信之，少者怀之。”（《论语·公冶长》）

十一、曲终校散

明岁，子路死于卫。孔子病，子贡请见。孔子方负杖逍遥于门，曰：“赐，汝来何其晚也？”孔子因叹，歌曰：“太山坏乎！梁柱摧乎！哲人萎乎！”因以涕下。谓子贡曰：“天下无道久矣，莫能宗予。夏人殡于东阶，周人于西阶，殷人两柱间。昨暮予梦坐奠两柱之间，予始殷人也。”后七日卒。

孔子年七十三，以鲁哀公十六年四月己丑卒。

哀公诔之曰：“旻天不吊，不慭遗一老，俾屏余一人以在位，茕茕余在疚。呜呼哀哉！尼父，毋自律！”子贡曰：“君其不没于鲁乎！夫子之言曰：‘礼失则昏，名失则愆。失志为昏，失所为愆。’生不能用，死而诔之，非礼也。称‘余一人’，非名也。”

孔子葬鲁城北泗上，弟子皆服三年。三年心丧毕，相诀而去，则哭，各复尽哀；或复留。唯子赣庐于冢上，凡六年，然后去。弟子及鲁人往从冢而家者百有余室，因命曰孔里。②

① 《史记·孔子世家》
② 《史记·孔子世家》

拾遗

我仅是将《论语》里与“孔子学校”的有关资料予以整理，编排成本章内容。

孔子逝世后，他构建的“孔子学校”亦随之埋入黄土。孔子是人，不是神，为何后人不能向他学习构建第二所乃至千万所孔子学校，并风行天下？

第二十三章　学《论语》而时习之，不亦悦乐

子曰：“学而时习之，不亦说乎？有朋自远方来，不亦乐乎？人不知而不愠，不亦君子乎？”（《论语·学而》）

译文

学《论语》而践行之，从中得到许多无价的精神财富，不是一件喜悦的事吗？有“夫子”自书中出来传授我智慧，不是一件至乐的事吗？别人不了解我跟在夫子后面亦步亦趋，捡到许多文化瑰宝，还嘲笑我笨拙迂阔，不跟着潮流，去追名利、追星、整容，或当低头族而有不愉，这不是我应具的心态吗？

臆解

学，在能用。尤其是《论语》，在能行、用、悦乐。

我几乎花了一辈子心血不断摸索，才找到孔子遗留与我们的“智慧”，引领我在晚年的人生道路上走得洒脱、自由、知足。

独乐乐，不如众乐乐。愿盼国人乃至人类都能得到“它”，享用“它”！

相关资料

一、孔子曰："可与言终日而不倦者，其惟学乎！其身体不足观也，勇力不足惮也，族姓不足称也，宗祖不足道也，而可以闻于四方而昭于诸侯者，其惟学乎！"①

二、子曰："莫我知也夫！"子贡曰："何为其莫知子也？"子曰："不怨天，不尤人。下学而上达，知我者其天乎！"（《论语·宪问》）

三、太宗云："'宰衡以干戈为儿戏，缙绅以清谈为庙略。'此事亦足为鉴诫。朕今所好者，惟在尧、舜之道，周、孔之教，以为如鸟有翼，如鱼依水，失之必死，不可暂无耳。"②

本章关键字：

学：寻找与自己性格相投的理想，然后培育对人、事、物不惑的智慧、道德、技艺。

时：时时观察有道则仕，无道则隐的时机。

悦：怡然自乐。

朋：找到志同道合的良师、益友。

乐：仁的定律，你乐我乐大家乐。

本章原意系孔子自述，略改数字，转化为"我"对本章的感悟、享用。意在让我们更亲近孔子一点。

解析

一、"人不学，不知义。"学，才知什么叫是非、善恶、对错。六十年前，我学干戈，吃足苦头。六十岁时，我才明白最需要学的是与人、事、物相处不惑的智慧，如不学或学歪了，何来"智"？

---

① 《韩诗外传·卷六》
② 《贞观政要·慎所好》

好学，而且是正学，才能步上康庄大道！

二、知己难，知人亦难；知孔子为何“不怨天，不尤人”尤难；要答案，仿如在大海找孙悟空的如意金箍棒。为此，我找了七十年，仿佛找到，又好像不是，因我还在研究这根金箍棒是真是假。

三、李世民是我国对孔子最为了解，而且出自真心崇敬的帝王。他以善战著名。善战不是坐而论道，纸上谈兵的腐儒可以企及。他的“朕今所好者，惟在尧、舜之道，周、孔之教，以为如鸟有翼，如鱼依水，失之必死，不可暂无耳。”[①]让人耳目一新。惜晚年没有做到“一以贯之”，政务略有怠惰，宠幸武媚娘，种下后来唐高宗娶父妾武媚娘为后，继之篡位称帝为“周”之祸苗。

拾遗

读《论语》，在能行、用、益、悦。孔子是学尧、舜，周公之道而时习之，如予沿袭，易成迂儒。乃改学《论语》而时践之。较妥。孔子集古各朝代之长，《论语·卫灵公》为人类绘出一幅人间美丽画卷，我为何不能学《论语》而时习之，不亦悦乎？

---

① 《贞观政要·慎所好》

第二十四章　人才：决定国家、企业兴衰、存亡

舜有臣五人而天下治。武王曰："予有乱臣十人。"孔子曰："才难，不其然乎？唐、虞之际，于斯为盛。有妇人焉，九人而已。三分天下有其二，以服事殷。周之德，其可谓至德也已矣。"（《论语·泰伯》）

译文

舜帝有贤臣五人而天下大治。武王说："我有十位贤臣。"孔子说："人才难得，难道不是吗？唐尧虞舜以后，武王时代可以说是人才最盛的了。其中有一位妇人是武王的妻子，实际在外处理政务的人才只有九个人。武王那时虽拥有三分之二的天下，但仍以诸侯之礼服侍殷商。像武王这样谦恭，可以称得上最高的德行了。"

臆解

何谓人才，孔子以身做了示范：

其后定公以孔子为中都宰，一年，四方皆则之。由中都宰为司空，

由司空为大司寇。[1]

相关资料

一、仲弓为季氏宰，问政。子曰："先有司，赦小过，举贤才。"

曰："焉知贤才而举之？"曰："举尔所知。尔所不知，人其舍诸？"（《论语·子路》）

二、子游为武城宰。子曰："女得人焉耳乎？"曰："有澹台灭明者，行不由径。非公事，未尝至于偃之室也。"（《论语·雍也》）

三、孔子谓宓子贱曰："子治单父而众说，语丘所以为之者。"曰："不齐父其父，子其子，恤诸孤而哀丧纪。"孔子曰："善，小节也，小民附矣！犹未足也。"曰："不齐也，所父事者三人，所兄事者五人，所友者十一人。"孔子曰："父事三人，可以教孝矣；兄事五人，可以教弟矣；友十一人，可以教学矣。中节也，中民附矣，犹未足也。"曰："此地民有贤于不齐者五人，不齐事之，皆教不齐所以治之术。"孔子曰："欲其大者，乃于此在矣。昔者尧、舜清微其身，以听观天下，务来贤人。夫举贤者，百福之宗也，而神明之主也。不齐之所治者小也！不齐所治者大，其与尧、舜继矣。"[2]

四、晏子侍于景公，朝寒请进热食，对曰："婴非君之厨养臣也，敢辞。"公曰："请进服裘。"对曰："婴非田泽之臣也，敢辞。"公曰："然，夫子于寡人奚为者也？"对曰："社稷之臣也。"公曰："何谓社稷之臣？"对曰："社稷之臣，能立社稷，辨上下之宜，使得其理；制百官之序，使得其宜；作为辞令，可分布于四方。"自是之后，君

---

① 《史记·孔子世家》

② 《说苑·政理》

不以礼不见晏子也。[1]

五、高祖置酒雒阳南宫。高祖曰："列侯诸将无敢隐朕，皆言其情。吾所以有天下者何？项氏之所以失天下者何？"高起、王陵对曰："陛下慢而侮人，项羽仁而爱人，然陛下使人攻城略地，所降下者因以予之，与天下同利也。项羽妒贤嫉能，有功者害之，贤者疑之，战胜而不予人功，得地而不予人利，此所以失天下也。"高祖曰："公知其一，未知其二。夫运筹策帷帐之中，决胜于千里之外，吾不如子房。镇国家，抚百姓，给馈饷，不绝粮道，吾不如萧何。连百万之军，战必胜，攻必取，吾不如韩信。此三者，皆人杰也，吾能用之，此吾所以取天下也。项羽有一范增而不能用，此其所以为我擒也。"[2]

六、时先主屯新野。徐庶见先主，先主器之，谓先主曰："诸葛孔明者，卧龙也，将军岂愿见之乎？"先主曰："君与俱来。"庶曰："此人可就见，不可屈致也。将军宜枉驾顾之。"

由是先主遂诣亮，凡三往，乃见。[3]

解析

孔子"好古"（历史），知古代政权兴衰、存亡，厥赖人才有无而定。舜、武王即因得人才，风调雨顺，国泰民安，以此警今后执政人。

一至二，弟子仲弓、子游，一为季氏宰；一为武城宰。皆以如何为政问夫子，夫子亦以"举贤才"对。

三、以宓子贱少孔子三十岁推算，孔子由卫回鲁为六十八岁，则

---

① 《说苑・臣术》
② 《史记・高祖本纪》
③ 《三国志・蜀书・诸葛亮传》

子贱是三十八岁，方入孔门，似已在单父任地方首长，才有“众（百姓）悦”为夫子悉，亲往了解。在《史记》有如下记载：“子产（郑国贤相）治郑，民不能欺；子贱治单父，民不忍欺；西门豹（战国魏人）治邺（今河南临漳县西），民不敢欺。”意谓三人分治三地，以宓子贱最得民心。夫子问何以致此？经过了解，知宓子贱治大国功不在尧、舜之下，予以高度肯定、期许。在《论语》及有关图书，不多见。

四、读《晏子春秋》，君不似君，乃有臣不似臣，仿若幼儿稚语的齐景公，活像舞台上面的小丑。由此我联想到鹿马不分的秦二世胡亥；天下荒馑，百姓饿死，问何不食肉糜的晋惠帝；以及早夭的清穆宗，人们对其死因莫衷一是，没有明君，何来人才？

五至六、刘邦与刘备，本是市井之人。前因秦皇无道，予可乘之机而得天下；后则趁汉末之乱，与曹操孙权分庭抗礼。虽是庸才，却有一个一般人没有的优点：前者用张良、萧何、韩信三杰，打下江山；后者三顾茅庐请出诸葛亮，而成魏、蜀、吴三国鼎立。成功之关键，皆能识才，而又敢于用才。

拾遗

农业社会结构单纯，多以思想家（孔子、老子）、智者（刘伯温）、政治家、军事家、外交家等指导人民怎样过日子。进入工业社会，才扩大到科学、民主、工商、艺技等领域。孰最重要？似盲人摸象。清末民初，知识分子众口一词指向科学、民主。对吗？走了一百年，我们有了科学、民主，却发现人的灵魂患了萎缩病。

少了思想家、政治家（不是政客）的引导，即或拥有最优良的武器，最自由的人权，似盲人骑瞎马，不知何时会掉进万丈深渊。

最卓越的政治家，大多具有有所为，有所不为的狂狷性格。所以，尧待舜、文王待姜子牙、刘邦待张良、刘备待孔明、李世民待魏徵，莫不视之为师。可惜社会道听途说的人太多，能安邦治国的思想家、政治家，其分量反而比一个艺人轻了许多，宁非怪事？

第二十五章　生态平衡先知

子钓而不纲，弋不射宿。(《论语·述而》)

译文

孔子钓鱼，但不用网捕鱼；射猎时不射归巢栖息的鸟。

臆解

弟子摄下夫子平时微行“仁民爱物”不朽镜头。

相关资料

一、昔宓子贱之治也。孔子使巫马期观政，入其境，见夜渔者，问曰：“子得鱼辄放，何也？”曰：“小者，吾大夫欲长育之故也。”子闻之，曰：“诚彼形此，子贱得之，善矣。惜哉！不齐所治者小也。”[①]

二、“焚林而田，竭泽而渔。”[②]

---

① 《水经·泗水注》
② 《淮南子·本经》

解析

一、弟子们瞧见夫子经常都是“钓而不纲，弋（弓箭）不射宿（归巢之鸟）”，为什么？不知道？不敢问？依我愚见，有一个弟子明白夫子微行谶意，即在上文一出场的宓子贱，借渔夫之曰“小者，吾大夫（宓子贱）欲长育之故也”道出子贱鉴夫子的特立独行，引为自己为政之鹄，并予以延伸，扩大。

二、至于“弋不射宿”，斯时，大鸟觅食，回巢哺育幼雏，全家融融，符孔子倡“己所不欲，勿施于人”之意（《论语·颜渊》），故弋不射宿。汉《淮南子》秉孔子之意，警告吾人，“焚林而田，竭泽而渔”之后，我们何来山林栖身，亦无鱼维生。三章前后一贯，仿若神龙，首尾相随，唯智者、仁者能如此。

拾遗

何谓圣贤？就是能从历史盛衰、兴灭中找出据以预测将来人类吉凶祸福的脉络。多次乘车蜿蜒在台湾崇山峻岭之间，经常映入眼帘的画面，是绵延不绝的山脉，本来担任保护水土流失的森林不见了，由根浅可见的茶树、槟榔树取而代之。在另一端却看到台风暴雨冲塌的土地下面，听说埋葬的村庄和村民不计其数。

回到平地，切换到另一个镜头，通过电视、报纸杂志，知道许多动物已遭人类捕杀濒临灭绝，如虎、狮、海豚、象等。

孔子在几千年前，用谶言、谶行警示后人，“祸福无门，唯人自召”，防微才能杜渐，不知现代人类与孔子思想背道而驰，伊于胡底？

第二十六章　古今政治家、法官典范

子曰："听讼，吾犹人也。必也使无讼乎！"（《论语·颜渊》）

译文

孔子说："审理诉讼案件，我自信可以做到和别人一样公正。不同的是，我一定努力使社会上人人没有兴讼的念头才好！"

臆解

心中无讼，是智者。社会无讼是孔子心中的"礼运大同"盛景。

相关资料

一、子曰："吾有知乎哉？无知也。有鄙夫问于我，空空如也，我叩其两端而竭焉。"（《论语·子罕》）

二、孔子为鲁司寇，断狱讼，皆进众议者而问之，曰："子以为奚若？某以为何若？"皆曰云云如是，然后夫子曰："当从某子几是。"[①]

① 《孔子家语·好生》

三、鲁有父子讼者，康子曰：“杀之。”孔子曰：“未可杀也。夫民不知子父讼之不善者久矣，是则上过也。上有道，是人亡矣。”康子曰：“夫治民以孝为本，今杀一人以戮不孝，不亦可乎？”孔子曰：“不孝而诛之，是虐杀不辜也。三军大败，不可诛也；狱讼不治，不可刑也；上陈之教，而先服之，则百姓从风矣；躬行不从，而后俟之以刑，则民知罪矣。夫一仞之墙，民不能逾，百仞之山，童子升而游焉，陵迟故也。今是仁义之陵迟久矣，能谓民弗逾乎？《诗》曰：‘俾民不迷。’昔者君子导其百姓不使迷，是以威厉而不试，刑错而不用也。”于是讼者闻之，乃请无讼。[①]

解析

《论语》的“老者安之，朋友（壮者）信之，少者怀之”（《论语·公冶长》）和《礼记·礼运》的“大道之行也，天下为公……是谓大同”都是孔子以“无讼”进入大同世界，必须先行做好基本功夫。即“无讼”是事之始，大同是事之终。

一、是时，孔子担任地方首长，到后来当司法首长（大司寇）常以本章当成审判诉讼的方法。其序为：首先，在不了解双造的案情之前，不存在任何主见（空空如也）。然后，耐心听完（竭）双造陈述案情始末，真相即大白。

二、二千五百年前，孔子审理讼案，聘请地方公正人士担任陪审员，以昭公正和减少误判。因而一件案子的完成，必须经过法官（孔子）、陪审员、原告、被告四方意见交流，才能进而作出无枉无纵的判决。较之今天审案系由法官自由心证，常常沦入主观宣判，势必会

① 《说苑·政理》

造成许多冤案。古今相比较，孔子式的审判显然比今天的审判高明、公正、符理、法、情。

孔子之石，可以攻错。法学权威、法官们，是否应把孔子的法学素养找出来用心研究，虚心学习？

三、父子是血缘的尊卑关系；讼，则是判定人与人之间是非、善恶、对错的关系。正常的家庭伦理：父慈、子孝。父若犯了非、恶、错，欲求子之是、善、对、孝，悖情违理，必然多数人做不到，又无可奈何，于是家庭悲剧由此而生。

物有本末，事有终始，知所先后，则近道（真理）矣。

看本章，孔子重本（讼的源头），而康子重末（愚孝）。到汉代，董仲舒推三纲，演绎成“天下无不是的父母”，从此儿女成了父母眼中的羔羊。东汉末年，便出现儿与媳遭母强迫离婚，一个投水而死，一个自缢于庭树的人间悲剧（《孔雀东南飞》）。

拾遗

孔子思想溢之在外的言行举止，莫不在其以“一”为始，亦以“一”为终轨道下行之。他的“吾道一以贯之”（《论语·里仁》），便是他一生为人，做事不渝的轴心。

“听讼”，显示孔子担任法官，是一位公开、公正、仁义，让讼者心悦诚服的法官。“必也使无讼乎”（《论语·颜渊》），则是展现出一位旷古绝伦的大思想家、大教育家、大政治家的悲天悯人情怀。

第二十七章　孔子与贝多芬

子在齐闻《韶》，三月不知肉味。曰："不图为乐之至于斯也。"（《论语·述而》）

译文

孔子在齐国听到《韶》乐，陶醉到相当长的一段时间吃肉而不知其味，于是他说："没有想到《韶》乐竟然如此尽善尽美。"

臆解

贝多芬始于音乐，终于音乐；孔子始于音乐，终于天下为公。二人境界高下立见。

相关资料

一、子与人歌而善，必使反之（重唱），而后和之。（《论语·述而》）

二、孔子学鼓琴师襄子，十日不进。师襄子曰："可以益矣。"孔子曰："丘已习其曲矣，未得其数也。"有间，曰："已习其数，可以益矣。”孔子曰：“丘未得其志也。”有间，曰：“已习其志，可以益矣。”孔子曰：“丘未得其为人也。”有间，有所穆然深思焉，有所怡然高望而远志焉。曰：“丘得其为人，黯然而黑，几然而长，眼如望羊，如王四国，非文王其谁能为此也！”师襄子辟席再拜，曰：“师盖云文王操也。”①

三、子语鲁大师乐，曰：“乐其可知也：始作，翕如也；从之，纯如也，皦如也，绎如也，以成。”（《论语·八佾》）

四、颜渊问为邦。子曰：“行夏之时，乘殷之辂，服周之冕，乐则《韶》《舞》。放郑声，远佞人。郑声淫，佞人殆。”（《论语·卫灵公》）

五、古者诗三千余篇，及至孔子，去其重，取可施于礼义，上采契后稷，中述殷周之盛，至幽厉之缺，始于衽席，故曰：“《关雎》之乱以为《风》始，《鹿鸣》为《小雅》始，《文王》为《大雅》始，《清庙》为《颂》始。”《诗经》三百零五篇孔子皆弦歌之，以求合《韶》《武》《雅》《颂》之音。礼乐自此可得而述，以备王道，成六艺。②

六、孔子曰：“移风易俗，莫善于乐；安上治民，莫善于礼。”③

七、子谓《韶》：“尽美矣，又尽善也。谓《武》：尽美矣，未尽善也。”（《论语·八佾》）

八、子之武城，闻弦歌之声，夫子莞尔而笑曰：“割鸡焉用牛刀？”

子游对曰：“昔昔偃也闻诸夫子曰：‘君子学道则爱人，小人学道则易使也。’”

---

① 《史记·孔子世家》
② 《史记·孔子世家》
③ 《说苑·修文》

子曰："二三子！偃之言是也，前言戏之耳！"（《论语·阳货》）

解析

孔子精神专注《韶》，乃有"三月不知肉味"之说。有两层意思：一指很久没有吃肉，而忘记肉是什么味道；一指因沉醉在高雅、中和、淳厚的音乐里，即便是吃肉，也没有余心感觉肉的存在，即心无二用。我们看小孩玩泥巴专心凝神，即便冷饿交迫，亦无感觉就明白了。

本章只在证明一个成功者对所好东西的执着。贝多芬不就因对音乐的执着而成了乐圣？而孔子却是借对音乐的执着，然后以此升华，成了举世无双的思想家、政治家、教育家、心理学家。如果我们明白孔子一生的心路历程，便能轻易推开孔门，入孔室一窥里面的稀世珍宝。

一、孔子时代，诗歌不分。孔子"好"歌，与其说是天生，不如说是他儿时常随盲乐师外祖父，经常参与他人婚丧之礼以谋生。婚丧进行，佐以诗歌、音乐升高气氛。孔子便是以这样特殊职业成长。"好歌"是他职业的部分，也十分自然将"好歌"变成他的第二天性。

二、子曰："听其言而观其行。"（《论语·公冶长》），循其意，亦可用"听其音而知其妙"解。孔子向鲁国乐师师襄子学音乐。初，乐师并未告诉此乐为何人所谱。孔子循鼓琴之音德、音意、音风、音和，经摸索、探幽、察隐、悟此曲只有文王才能谱出王者风范的音乐。唯有对音乐具极高素养，是不可能知其音而能辨其人的智慧。仅此一章，即知孔子音乐境界在贝多芬之上。

三、依章意是孔子与鲁国主管音乐官员讨论一首尽善尽美的乐章，由始至终演奏的几个重要段落。弟子可能漏列了鲁大师的讲话，才成了孔子唱独角戏。意在言外，孔子是一位卓越的音乐家。

四、孔子“信而好古”（《论语·述而》），不泥古，却被后来一些心盲目瞎的人扭曲成“孔子是一个开历史倒车的复辟狂”，而本章就做了有力驳斥，并彰显他既不全盘接受或否定，而是择优汰劣的新历史文化的先行者。如采用的夏历，到今天已二千五百多年，仍为国人采用；商朝木车，坚固耐用；周朝的衣宽（示和平）冠前低后高（示谦躬）；奏和平中正的《舜》乐。然后，远离使人心猿意马的淫乐，远离奸、嬖小人。能如此国泰民安，反之，国亡。

两千多年历史起伏，都在印证孔子思想与古今人类同呼共吸。

五、古贤说：“万里长城今犹在，不见当年秦始皇？”我依其意说：“嬴秦焚书史犹在，不见弦歌三百篇？”

孔子穷一生之力，搜集古诗三千余篇；再穷一生之心，节选可以正人性张悦乐的诗歌，编缩为三百篇，皆弦歌（配以音乐）而成《诗经》教化后人。可惜这个文化瑰宝，却被鲁莽嬴政一把火烧为灰烬，可恨！

六、深入中国少数民族居住地方，最引人心醉的就是他们仿若天籁之音的歌唱，由而观察出他们淳朴、自然、无邪，并怡然自乐的本性。有人说，好歌的人多半快乐，在这儿得到印证，亦了解孔子希以音乐陶冶人性趋善的用心。

七、是孔子对文王、武王各自呈现的音乐而予以不同评论。前者以王道、和平得天下，孔子以尽善尽美赞；武王音乐却因杀伐之气过重，不尽完善略嫌遗憾，隐含孔子政治理念重以仁治国，轻以霸为政。

八、孟子说：“上（师）有好者，下必有甚焉者矣。”（《孟子·滕文公上》）

子游任武城（今山东费县西南）首长，平时受夫子好乐的耳濡目染。为政，亦重音乐，致家家户户弦歌不断。夫子之教，再次得到印证。

拾遗

凡能让人心平气和，怡然自乐的音乐就是绝妙佳音，如《韶》乐，孔子皆弦歌的《诗经》，乃至施特劳斯的《维也纳森林的故事》等，皆能让人心旷神怡。

以孔子的“性相近也，习相远也”（《论语·阳货》）臆测，他是人性多元论，用我们一生生活印证就明白了。有人生而性善，孔子、宓子贱是个中翘楚；有人生而性恶，秦始皇、张献忠是标杆人物；有人性善、恶并存，晋周处（《世说新语·自新》），吴承恩笔下的孙悟空及社会大多数人皆是代表。与子曰：“唯上智（如孔子）与下愚（如秦始皇）不移（性）”（《论语·阳货》）若合符节。

孔子倡为政以礼（理、法）乐（音乐）即在教化这些多数人怎样存善去恶，洗涤心中瑕垢，然后社会安人民宁。

贝多芬一首《田园交响乐》，引人与自然同呼共吸，赞之乐圣，名副其实。观孔子从“与人歌而善”到闻《韶》而知舜。由舜而悟“是故治世之音，安以乐，其政和”[①]的为政之道的最高境界：己与己，己与人，己与国，己与天下和，即“天下为公，世界大同”。

贝多芬一生起于音乐，终于音乐；孔子则起于音乐，终于希望人类大和，贝多芬如泉下有知，必望孔兴叹！

---

① 《礼记·乐记》

第二十八章　战争与和平

卫灵公问陈于孔子。孔子对曰："俎豆之事，则尝闻之矣；军旅之事，未之学也。"明日遂行。

在陈绝粮，从者病，莫能兴。子路愠见曰："君子亦有穷乎？"子曰："君子固穷，小人穷斯滥矣。"（《论语·卫灵公》）

译文

卫灵公向孔子请教行军作战的事情。孔子说："礼乐方面的事，我知道一些；行军打仗的事，我未曾学过。"道不同，不相为谋。第二天，孔子离开了卫国。

孔子师生走到陈国时，因断了粮食，一行人等都饿坏了，没人能爬得起来。子路带着怒气来见孔子，说："君子也有末路的时候吗？"孔子说："君子遇到穷困失意时，知道调整心态，固守本分，小人在穷困失意时，便会为非作歹，不守本分。"

臆解

《论语》就是孔子向人类揭示的和平宣言。

相关资料

一、子之所慎：斋、战、疾。(《论语·述而》)

二、田常欲作乱于齐，惮高、国、鲍、晏，故移其兵欲以伐鲁。孔子闻之，谓门弟子曰："夫鲁，坟墓所处，父母之国，国危如此，二三子何为莫出？"子路请出，孔子止之。子张、子石请行，孔子弗许。子贡请行，孔子许之。

故子贡一出，存鲁，乱齐，破吴，强晋而霸越。子贡一使，使势相破，十年之中，五国各有变。(《史记·仲尼弟子列传》)

三、子（之志）曰："老者安之，朋友（壮年）信之，少者怀之。"(《论语·公冶长》)

四、孔子曰："大道之行也，天下为公，……是谓大同。"(《礼记·礼运》)

五、"晋太元中，武陵人捕鱼为业……男女衣着，悉如外人。……黄发垂髫，并怡然自乐。……先世避秦时乱，率妻子邑人，来此绝境，不复出焉，……"(陶渊明《桃花源记》)

六、"如果人类要在21世纪生存下去，必须回到二千五百年前，去汲取孔子的智慧。"(1988年，75位诺贝尔奖获得者在巴黎发表的宣言)

解析

卫灵公问战争，孔子以和平答，答非所问。"道不同，不相为谋"，只有分手。

二人简短对话，却道出人类的宿命论，战争与和平就是这般在人类历史长河中引发世人的深刻思考。

一部世界史，千言万语，都在诠释这五个字"战争与和平"。远的不谈，且看二十世纪历史的记录：

1904 年日俄战争。

1914 年第一次世界大战。

1931 年日本侵华，发动“九一八事变”，我国东北沦入日手。

1937 年日本得寸进尺，全面侵略我国，史称“七七事变”，中国成了鱼肉，任人宰割。

1937 年 12 月，日本人在南京杀我军民三十余万人，制造震惊中外的“南京大屠杀”。

1939 年第二次世界大战。

1945 年日本投降，跟着国共内战。

1950 年朝鲜战争。

1956 年中东战争。

1965 年越南战争，双方伤亡重大。

2001 年 9 月 11 日恐怖分子劫持客机撞毁美国纽约世贸大厦，近三千人死亡。

2003 年以英美军队为主的联合部队对伊拉克发动军事行动。

依历史脉络延伸，何时爆发第三次世界大战？是时，用什么武器？死多少人？如有第四次世界大战，那时，人类又用什么武器？……

一、齐（祭祀），战（争）、疾（病）是当时农业社会与百姓休戚相关的三件大事。为政者，稍有不慎，会引发社会动乱，尤以“战争”为最。

二、齐欲伐鲁，孔子则以外交折冲樽俎化干戈为玉帛。于是子贡一出……十年之中，五国各有变，为中国外交树立典范。东汉班超防守西域三十一年，彼此和平相处，应是孔子和平思想的延伸。

三至四、这两章，前者是孔子理想政治纲目。后者是孔子思想政治图案。

五、《桃花源记》应是陶渊明循孔子之意撰出他心中的桃花源境界。全文精义即在“怡然自乐”四个字。如转为我们现实生活，只要能做到孔子已经做到的“不义而富且贵，于我如浮云”（《论语·述而》），“不怨天，不尤人”（《论语·宪问》），“子绝四：毋意，毋必，毋固，毋我”（《论语·子罕》），心必似碧空，不思“怡然自乐”而必自至。

六、自十八世纪工业革命，科学增长了吾人物质欲望，却未能升华人类心灵。于是，仅二十世纪百年间即发生两次世界大战和不计其数的局部战争。更助长人性泯灭。诺贝尔奖得主皆人类精英，目睹社会道德沦丧，不约而同发出“唯孔子智慧始能消除人类浩劫”。是否能为世人接受，只能用“祸福无门，惟人自召”互励了。

拾遗

人的外在平和表象，来自他内在心理的理、情、欲均衡，即心平气和。

孔子的“克己复礼”（《论语·颜渊》）便是孕育心平气和的动力。自我和平了，向外推及人就是仁。再往外推，及家、及国、及天下，就是大同世界。

今天，已进入民主、科学时代，似乎反而助长人性对重利轻义的贪婪。以致人与人冲突频仍，战争不息，即来自大多数人的内心失调。孔子洞烛其奸，乃提出“君子求诸己”（《论语·卫灵公》）。

归纳历史，有一个规律，先有人心的不平和，跟着是社会失序，再往前走，就是战争。秦亡，亡于秦始皇内心失调，妄图以百姓为鱼肉，自己为刀俎，任性而为，乃有修长城、建驰道、筑阿房宫，兴陵寝，焚书坑儒……致百姓心失衡。刘邦的“大丈夫当如是也”。项羽的“彼可取而代之”便是当时人民心声的代表。于是江山易人。

诺贝尔奖得主们，茶余饭后，谈到今天的人类像走钢丝，不知如何才能安全下来，于是想到孔子的智慧，洞见症结。只是，如何才能把孔子智慧落实在生活中，成为可行、可安的方法，把钢丝上的人平安救下来？

第二十九章　万世师表

陈亢问于伯鱼曰：“子亦有异闻乎？”

对曰：“未也。尝独立，鲤趋而过庭。曰：‘学《诗》乎？’对曰：‘未也。’不学《诗》，无以言。鲤退而学《诗》。他日，又独立，鲤趋而过庭。曰：‘学礼乎？’对曰：‘未也。’‘不学礼，无以立。’鲤退而学礼。闻斯二者。”

陈亢退而喜曰：“问一得三：闻《诗》，闻礼，又闻君子之远其子也。”（《论语·季氏》）

译文

陈亢问伯鱼：“你有没有从夫子那儿听到异于我们的特别教诲？”

伯鱼说：“没有呀。有一次，父亲站在庭院中，我快步从他面前经过的时候，他问我：‘学《诗经》没有？’我说：‘还没有。’他说：‘不学《诗经》，就会讲话空洞，没有内涵。’我就开始学《诗经》。另一天，父亲又站在庭院中，我快步从他面前经过时，他问我：‘学《礼仪》没有？’我说：‘没有。’他说：‘不懂《礼仪》，就不知修身立命。’我就开始学《礼仪》。我所听到的就是这两次。”

陈亢回去后高兴地说："我问了一件事情却得到三个收获。即知道读《诗经》的用处，明晓学《礼仪》是帮助自己成熟，还听到君子对自己儿子没有偏私厚爱。"

臆解

如果我们拥有"智慧"，亦能做到与孔子一样的"远其子也"！

相关资料

一、子曰："有教无类。"（《论语·卫灵公》）

二、东郭子惠问于子贡曰："夫子之门，何其杂也？"子贡曰："夫隐括之旁多枉木，良医之门多疾人，砥砺之旁多顽钝。夫子修道以俟天下，来者不止，是以杂也。"[①]

三、子以四教：文（文史礼乐）、行（实践）、忠（专心做事）、信（谨守诚信）。（《论语·述而》）

四、子曰："默而识（记）之，学而不厌，诲人不倦，何有于我哉？"（《论语·述而》）

五、子曰："二三子以我隐乎？吾无隐乎尔。吾无行而不与二三子者，是丘也。"（《论语·述而》）

六、颜渊、季路侍。子曰："盍各言尔志？"

子路曰："愿车马衣裘，与朋友共，敝之而无憾。"

颜渊曰："愿无伐善，无施劳。"

子路曰："愿闻子之志！"

子曰："老者安之，朋友信之，少者怀之。"（《论语·公

---

① 《说苑·杂言》

冶长》）

七、子疾病，子路使门人为臣。病间，曰："久矣哉，由之行诈也！无臣而为有臣，吾谁欺？欺天乎？且予与其死于臣之手也，无宁死于二三子之手乎？且予纵不得大葬，予死于道路乎？"（《论语·子罕》）

八、孔子年七十三，以鲁哀公十六年四月己丑卒。

孔子葬鲁城北泗上，弟子皆服三年。三年心丧毕，相诀而去，则哭，各复尽哀；或复留。唯子贡庐于冢上，凡六年，然后去。弟子及鲁人往从冢而家者百有余室，因命曰孔里。鲁世世相传以岁时奉祠孔子冢，而诸儒亦讲礼乡饮大射于孔子冢。[①]

解析

揣本章章意，陈亢可能是孔子晚年才入门不久的弟子。怀疑夫子对儿女、弟子有差别教育。乃用旁敲侧击，以解心中之惑。一句"问一得三"，知夫子心如日月，大公无私。却道出为师不易，时时都有学生站在或明或暗处观察自己的一言一行。三千弟子就这般集听闻，尊孔子为照耀古今的"万世师表"。

一、一位优良教师的要件，首在不分贵贱、贫富、智愚、贤不肖，皆应对学生施以一视同仁的教育，谓之"有教无类"。读《论语》及参阅其他记载孔子言行的资料，孔子说到，更做到了。以此审视从古到今千千万万的教师有几人能如是？倒常见新闻报道，教师对学生"有教有类"的新闻不绝于耳。

二、本章系借东郭子惠与子贡的对话，将上一章"有教无类"作了较为具体、生动的譬喻，孔子教人，不论是才、不才、来者不拒。

---

① 《史记·孔子世家》

三、“文，行，忠，信”是孔子为配合那时农业社会所需而编排的四个教育项目。

文：历史、文学、礼、乐。

行：践行所学、勤习射、御。

忠：做事贯彻始终。

信：待人恪守诚信。

在古代，“四教”足够当时社会所需。移之今天，“射，御”即体育，加入社会科学、自然科学即可。令人十分遗憾的是，今天学校的“行，忠，信”已与孔子“四教”里的“行，忠，信”相去甚远，尤以“信”在台湾，似已成了许多人挂在嘴角的口沫？

四：本章旨意与《论语·学而》首章近似：先修己，后诲人。

“默而识（记）之”，含有专心凝志向学之意。“学而不厌”是自我的完成。然后，向外延伸，即“己欲立而立人；己欲达而达人”。循先而后，对孔子言，有何难？孔子一生从生活执“智，仁”，即隐含，孔丘能做到，人人皆可做到。不知吾人有没有悟到孔子“微言”？

五、拿上面“陈亢的问一得三”互为印证，“万世师表”跃然纸上。

六、师徒三人，各谈其志，高下立见、寿夭预卜。

子路之志，仅限制在朋友，是志的最下层。卫国内乱，乃有尽朋友之“利”，被敌砍成肉酱。往上一阶，是颜回的志，从他讲的八个字，看到他一生都在“修己、克己”上面打转，一直跨不出“立人，达人”这一步，已预兆英年早逝。再往上走，我们才见识到孔子“治国平天下”的鸿鹄大志，而享善终。

七、孔子离开鲁国时的职务是鲁国的下大夫。因不是世袭，在周游列国时，已是平民身份。十三年后，回鲁国途中，生了重病。子路事夫子如父、情深意切，要以从前孔子曾任鲁国下大夫之礼为夫子办理丧事，是赤子至情，师生至义，但却不合礼，由此可以看到子路的率直、纯朴，情笃溢于言行。另一方面，却引出孔子至死坚守名实相副至真至美的情操，不仅不以死后风光为荣，反以为耻。从古到今，逝世的达人、名人如过江之鲫，有几人可以做到如孔子这样生死如一呢？①

这出震古烁金，前无古人开路，后无来者继承，以生活为舞台的戏剧故事，我每读一次，就会增添一分对子路的崇敬和对夫子虽病危仍谨遵其一生，一贯名实相符之道的崇拜。因而，以一生余力，当一名摇旗呐喊的小卒，将孔门和风传遍人间，便成了我一生的“志”，不亦悦乎？

八、前后去山东曲阜五次拜孔子墓。夕阳西沉，漫步孔林，两旁不计其数的坟墓，丝毫没有阴气袭人的感觉，更别提鬼影幽魂了。大概是孔子后人多善良，虽死，仍予人犹生的感觉。

孔子辞世，留下了不计其数后人所不能企及的奇迹。资料七、八即是其中之二，尤以第八章为最。孔子逝，弟子皆在墓旁守丧三年，或六年，并进而以孔子墓为邻，聚邻成邑，在人类史上，堪称绝中之绝。弟子为何如此自发以倚孔墓为邻？是早已认夫子为至师、至亲，乃至至圣，才有哲人虽逝，视其犹生！

---

① 《我与论语》

第三十章　人类最早传播福音的传教士

仪封人请见，曰："君子之至于斯也，吾未尝不得见也。"从者见之。出，曰："二三子何患于丧乎？天下之无道也久矣，天将以夫子为木铎。"（《论语·八佾》）

译文

卫国仪邑边界守官请求见孔子，说："凡是有道德、学问的人经过这里，我没有不来拜见的。"孔子的弟子们就带他去见孔子。他出来后说："你们为何担忧你们的老师不为诸侯重用呢？天下混浊无道已经很久了，天意要把你们的老师当作木铎来教化警戒后世。"

臆解

六十岁，重读《论语》似在泰山之顶观天下。乃矢志终身做一个四处宣扬孔子思想的小卒。

相关资料

一、子曰："自行束修（15岁以上）以上，吾未尝无诲焉。"（《论

语·述而》)

二、“夫子行说七十诸侯无定所，意欲使天下之民各得其所”(参《礼记·礼运》)而道不行，退而修《春秋》……故孔子行说，非欲私(己)身，运德于一城，将欲舒(展)之于天下，而建之于群生(百姓)者耳。[①]

解析

木铎：金口木舌的铃，为政以号令天下，在此意谓国政不振，木铎已失其功能，乃变成孔子宣扬天下为公，拯救百姓之用，并含官民盼望国泰民安之切。

仪封人：卫国戍守边疆之官，见多识广。与孔子交谈，知道遇到圣贤，乃以“天将以夫子为木铎”，教化百姓，告诉随行夫子的弟子，笺笺数语，显示官吏对孔子教化天下寄望之殷，言浅意远。

一、“束修”有二说。一指束修是肉干，即今讲的学费。二说“束修”指年满十五岁，束修可以出外就学。古今儒者多从前说，我则异于是，认同后说。理由：弟子有贫富，贫如颜回、子路，皆一贫如洗，三餐时有不继，如无肉干馈赠夫子，即拒其入学？有悖夫子“有教无类”之道。夫子弟子富者亦不少，子贡、南宫敬叔即是。以夫子凡事采“过犹不及”的中庸原则，富者多交，贫者免费入学，不正与夫子的“君子之于天下也，无适(可以)也，无莫(不可以)也，义之与比”(《论语·里仁》)相符？

二、一位震古烁今大思想家的诞生，仿佛都走过孟子讲的“天将降大任于斯人也，必先苦其心志，劳其筋骨，饿其体肤，空乏其身……

---

① 《说苑·至公》

发于声，而后喻”[①] 的千锤百炼，才能以其非凡智慧，引领人类走向光明、幸福。假设孔子生于太平盛世，至多成为一位卓越的政治家，造福当代，如文王、周公、管仲、晏子、孔明等是也。而思想家则不然，能以其北辰之光芒，造福十代、百代、千代、亿万代。今天，距离孔子之时已逾二千五百年，我即是许多受益人之一，能不心悦诚服，尊孔子为师、为圣？

拾遗

“周道衰废，孔子为鲁司寇，诸侯害之，大夫壅（阻塞）之。孔子知言之不用，道之不行也……”[②] 是孔子一生所处的政治环境，既无似尧、舜、禹、汤、文王等明君重用，只有退而求其次将“天下为公”思想如农人播种民间。这应是二人交谈主要内容，才有仪封人语重心长地告诉孔门弟子：“天下之无道也久矣，天将以夫子为木铎。”

“小隐隐陵薮（郊野），大隐隐朝市”，就是孔子晚年不仕，转而诲人、著作终其一生，我们才能读到《论语》，似与其“隐于朝市”有因果关系。

① 《孟子·告子下》
② 《史记·太史公自序》

第三十一章　幸福八字诀：正思、正学、正言、正行

孔子曰："君子有九思：视思明，听思聪，色思温，貌思恭，言思忠，事思敬，疑思问，忿思难，见得思义。"(《论语·季氏》)

译文

孔子说："归纳起来，君子有九项必须慎重思虑的事：一、看的时候务求看得明明白白；二、听的时候务求听得清清楚楚；三、对人脸色务求温和；四、对人态度务求谦恭 ；五、对人说话务求诚信；六、办理公务务求专心致志；七、遇到疑惑时务求找到答案；八、生气的时候要想到生气是否会带来后患；九、见到对自己有利的东西时，要想到是不是自己应得的。"

臆解

正思，一个好的念头。念头正了，正学，正行，必在其后，亦步亦趋。

相关资料

一、子曰："学而不思则罔，思而不学则殆。"（《论语 · 为政》）

二、子曰："博学之，审问之，慎思之，明辨之，笃行之。"[①]

三、子曰："见利思义，见危授命，久要不忘平生之言，亦可以为成人矣。"（《论语 · 宪问》）

四、子曰："见贤思齐焉，见不贤而内自省也。"（《论语 · 里仁》）

解析

君子，在本章系指各级领导、教师及国营私企负责人，特称命题。至于一般人可以当成修己、护己和辨人善恶的基本修养。

身为领导则不然，平时一言、一行、一举、一动，皆为天下法，而且影响深远，稍有不慎，祸己害国。项羽即因"思"锦衣，回乡炫耀，将江山拱手让与刘邦。

前五思：视（明）、听（聪）、色（温）、貌（恭）、言（忠信）是个人言行应具的态度。

后四思：事（敬）、疑（问）、忿（难、后果）、得（义）是指做事的原则、方法及应守的德行。

九思做好了，不论部属、学生，必如七十子之服孔子也。

正思：是思想的源头，或称念头。源头正（清），才会有同质性的正学，正言、正行接踵而至。仿若水，源头水浊，下亦必浊，又若树苗，栽歪了，长大必是驼背。

孔子评《诗》："诗三百，一言以蔽之，曰：'思无邪'"（《论语 · 为政》）即在道出《诗经》是一部反复阐释"正思"的"经书"。

---

① 《中庸 · 第二十章》

“思”的正邪，是判定一个人一生寿夭、祸福、顺逆的先兆。凡思皆正思（正面思考），则正言，正学，正行，便是把他拱向成功的最佳伙伴。

一至二、专指“学”与“思”如同鱼水相欢，相离则害。

三至四、前者指事，后者指人，知道运用，大道顺畅而行，反之，是祸。

正学：子曰：“十室之邑，必有忠信如丘者焉，不如丘之好学也。”（《论语·公冶长》）

子曰：“学而时习之，不亦说乎？”（《论语·学而》）

子曰：“君子学道则爱人，小人（人民）学道则易使。”（《论语·阳货》）

子曰：“三年学，不至于谷（名利），不易得也。”（《论语·泰伯》）

子曰：“学如（来）不及，犹恐失之。”（《论语·泰伯》）

子曰：“好仁不好学（智）其蔽也愚；好知（识）不好学（智），其蔽也荡；好信不好学（智），其蔽也贼（遭人伤害）；好直不好学（智），其蔽也绞（急躁）；好勇不好学（智），其蔽也乱（招祸）；好刚不好学（智），其蔽也狂（躁）。”（《论语·阳货》）

正言：子不语怪、力、乱、神。（《论语·述而》）

子罕言利，与命，与仁。（《论语·子罕》）

子曰：“道听而涂说，德之弃也。”（《论语·阳货》）

子曰：“巧言乱德。小不忍（容）则乱大谋（重大理想）。”（《论语·卫灵公》）

子曰：“巧言令色，鲜矣仁。”（《论语·学而》）

子曰：“君子（智者、仁者）耻其言而过其行。”（《论语·宪问》）

子曰：“不知言，无以知人也。”（《论语·尧曰》）

正行：子曰："其身正，不令而行；其身不正，虽令不从。"（《论语·子路》）

子曰："放于利而行，多怨。"（《论语·里仁》）

子以四教：文、行（实践）、忠、信。（《论语·述而》）

子曰："君子（智者、仁者、领导者）耻其言而过其行。"（《论语·宪问》）

子谓颜渊曰："用之则行，舍之则藏，惟我与尔有是夫。"（《论语·述而》）

子绝四："毋意，毋必，毋固，毋我。"（《论语·子罕》）

拾遗

子曰："博学之，审问之，慎思之，明辨之，笃行之。"是孔子为学顺序、方法，重心在"行"。

我则将孔子思想与自己一生经历心得融合为一，稍作变动，则成了先有正思，而后知如何正学，如何正言，如何正行。

第三十二章　海纳百川

子曰："君子不器。"（《论语·为政》）

译文

孔子说："一位有智慧的领导者，不会像一件器皿只局限在一种用途；而具有包容不同身份、意见、立场人士的雅量和广博的知识。"

臆解

能容人，才能容天下。

相关资料

一、子张问仁于孔子。孔子曰："能行五者于天下，为仁矣。"

"请问之。"曰："恭、宽、信、敏、惠。恭则不侮，宽则得众，信则人任焉，敏则有功，惠则足以使人。"（《论语·阳货》）

二、子路曰："卫君待子而为政，子将奚先？"

子曰："必也正名乎！"

子路曰："有是哉，子之迂也！奚其正？"

子曰："野哉，由也！君子于其所不知，盖阙如也。名不正，则言不顺；言不顺，则事不成；事不成，则礼乐不兴；礼乐不兴，则刑罚不中；刑罚不中，则民无所措手足。故君子名之必可言也，言之必可行也。君子于其言，无所苟而已矣。"（《论语·子路》）

三、子夏问仲尼曰："颜渊之为人也，何若？"曰："回之信贤于丘也。"曰："子贡之为人也，何若？"曰："赐之敏，贤于丘也。"曰："子路之为人也，何若？"曰："由之勇，贤于丘也。"曰："子张之为人也，何若？"曰："师之庄，贤于丘也。"于是子夏避席而问曰："然则四者何为事先生？"曰："坐，吾语汝。回能信而不能反，赐能敏而不能屈，由能勇而不能怯，师能庄而不能同。兼此四子者，丘不为也。夫所谓至圣之士，必见进退之利，屈伸之用者也。"①

子贡见太宰嚭。太宰嚭问曰："孔子何如？"对曰："臣不足以知之。"太宰曰："子不知，何以事之？"对曰："惟不知，故事之，夫子其犹大山林也，百姓各足其材矣。"太宰嚭曰："子增夫子乎？"对曰："夫子不可增也，夫赐其犹一累壤也，以一累壤增大山，不益其高，且为不知。"人宰嚭曰："然则子有所酌也？"对口："天下有大樽，而子独不酌焉，不识谁之罪也。"②

四、赵简子问子贡曰："孔子为人何如？"子贡对曰："赐不能识也。"简子不说曰："夫子事孔子数十年，终业而去之，寡人问子，子曰'不能识'，何也？"子贡曰："赐譬渴者之饮江海，知足而已。孔子犹江海也，赐则奚足以识之？"简子曰："善哉！子贡之言也。"③

五、孟子曰："以力服人者，非心服也，力不赡也；以德服人者，

---

① 《说苑·杂言》
② 《说苑·善说》
③ 《说苑·善说》

中心悦而诚服也，如七十子之服孔子也。”[1]

六、孟子曰：“仲尼不为已甚者。”[2]

解析

知道“意，必，固，我”，“怨天尤人”是人类的通病，然后用“克己复礼”（《论语·颜渊》）和“射有似乎君子，失诸正鹄，反求诸其身”为药方根除这些通病的人，是智者，乃至圣贤，孔子是其中的典范。

孟子主人性本善、荀子主人性本恶，告子主人性善恶随境异，杨雄主人性善恶混。争吵数千年，尚无定论。偏重纸上谈兵的学术，可以在纸上比画，置之生活，却又不知如何才能让学术与生活结合而益人。

孔子不讲人性善恶，只谈“性相近（不是相同）也，（因）习（教育不同）相远也。”（《论语·阳货》）是他的人性观，由而引出他的教育重心放在己。“己”做好了，己与己，己与人，己与社会，国家皆好，即是大同盛世。

一、二：指学习态度，对内专心学习与自己天性相近的学问；对外不怨天尤人。

三、四、五、六：子贡、孟轲的善说，不只让太宰嚭、赵简子（皆大夫）听得目瞪口呆，尤使后人见识孔子之心似日之明、海之深。

拾遗

孔子的人性论，人人皆生而具有或大或小，或多或少的劣根：

---

① 《孟子·公孙丑上》
② 《孟子·离娄下》

“意，必，固，我”和“怨天尤人”。根除劣根方法：智慧、克己、仁人。

越朝孔子思想内探越感觉孔子思想不只是中国人的北辰，亦是人类的北辰，为何却有许许多多的人视而不见？是自大？是名利蒙住了人的耳目，乃至心灵，看不见、听不到人间尚有指引我们迷津的智者、贤者、圣者？

第三十三章　穷人因《论语》而“心”富，富人因《论语》而“心”贵

子贡曰：“贫而无谄，富而无骄，何如？”子曰：“可也。未若贫而乐，富而好礼者也。”

子贡曰：“《诗》曰：‘如切如磋，如琢如磨’，其斯之谓与？”子曰：“赐也！始可与言《诗》已矣！告诸往而知来者。”（《论语·学而》）

译文

子贡说：“贫穷而不谄媚，富有而不骄傲，如何？”孔子说：“可以了。但不如贫穷时怡然自乐，富有时谦恭有礼。”

子贡说：“追求学问，要像《诗经》上说的‘刻骨角，雕玉石’，要不断地切磋琢磨，才能精益求精。刚才夫子修正我的话，不就是这个道理吗？”孔子说：“赐啊，现在可以和你谈《诗经》了，因为告诉你一件事，你就能悟出我没有说出的道理。”

臆解

心富了，发现自己对富贵越来越陌生了。

相关资料

一、子曰："贫而无怨难；富而无骄易。"（《论语·宪问》）

二、子曰："饭疏食，饮水，曲肱而枕之，乐亦在其中矣。不义而富且贵，于我如浮云。"（《论语·述而》）

三、子适卫，冉有仆。子曰："庶矣哉！"

冉有曰："既庶矣，又何加焉？"曰："富之。"

曰："既富矣，又何加焉？"曰："教之。"（《论语·子路》）

四、孔子曰："……闻有国有家者，不患贫而患不均，不患寡（人口）而患不安（定）。……夫如是，故远人不服，则修文德以来之。既来者，则安之……"（《论语·季氏》）

解析

子贡善问，而且能巧妙声东击西，指张喻李，以阐述夫子思想对某一人、事、物的态度。本章就是他抛出人性在面对贫富时的心态，究竟以哪种具体表现应对问夫子。

一般人能做到"贫而无谄，富而无骄"已是难能可贵，故夫子赞之"可也"。也许，这就是子贡对自己处于贫富时可能的心态，他擅长经商，而且屡中。既拜孔门，耳濡目染，为商唯利是图心态，不只收敛，应已做到"富而不骄"。夫子答问，常有弦外之音，让人省思，本章就是如此，一方面嘉勉子贡能做到如此已很好了。话锋一转，另一方面又勉子贡应更上一层楼，做到"贫而乐，富而好礼"。

物质多寡决定人的贫富。但要做到"贫而乐，富而好礼"，靠智慧。

一、俗话说，“穷人脾气大”。脾气大多半来自与富者比较。他为什么住高楼，食珍馐？我却一无所有？要是能把“心眼”放大到一百年或更长时间，我的祖先曾经富贵过，甚至是皇亲国戚；再思索孔子讲……“三代希不失矣”（《论语·季氏》）之义，必云散气消，追颜回，陶渊明之后作逍遥游！

二、孔子夸奖颜回安贫乐道，他自己亦不遑多让。本章似发生在孔子周游列国，好多次过着居无定所的漂泊生活写真。

温室长不出苍松？更孵不出思想巨人。唯有如孟子讲的“天将降大任于斯人也，必先苦其心志，劳其筋骨，饿其体肤……发于声，而后喻”[①]及具“不义而富且贵，于我如浮云”的天高海深之心胸，我们今天就读不到这部人间第一奇书《论语》。

三、写到本章，百感交集。我们何其有幸，祖先出了一个超凡入圣的孔子。亦不幸，不肖子孙有几人用心在孔子微言大义里找到我们后人安身立命之道？

孔子将一个在战争废墟里建立的新国家，必须循三个阶梯向上升华：1. 人口众多；2. 人民富有；3. 教育他们运用学的知识、技艺勤奋工作，和孕育如何才能与己、人、家、国、世界和平相处的智慧。

不幸，古今除了极少数的领导者和人们，多半走到第三步，就不想再往上爬了，以致世界永无宁日。

四、本章有三个主题：指为政者要防范人民贫富差距过大；不分族群、男女、老少、官民，要和谐；及如有外人来归，善待之。

家，是五伦的缩影；国，是五伦的扩张。国家欲强，防止贫富、

---

① 《孟子·告子下》

族群、性别、老少，尊卑的对立，是为政者的重任。

拾遗

我们内在心态的起伏，快慢，往往随外在环境变动而跟着变动。如外境出现“五色令人目盲，五音令人耳聋，五味令人口爽，驰骋田猎令人心发狂，难得之货令人行妨”，致情牵意执，内境会跟着出现“喜怒哀乐爱恶欲”的滚动。

社会绝大多数人，随境而变；唯智者明白外在所有变化都似浮云，而轻易做到“贫时自乐，富时与人共乐（礼、理）”的潇洒人生。

第三十四章　师徒对话，似父子慈孝，兄弟怡怡，朋友切切偲偲

子谓颜渊曰："用之则行，舍之则藏，惟我与尔有是夫！"

子路曰："子行三军，则谁与？"

子曰："暴虎冯河，死而无悔者，吾不与也。必也临事而惧，好谋而成者也。"（《论语·述而》）

译文

孔子对颜渊说："有国君用我，我就推行自己的理想政治；没有国君用我，我便独善其身，怡然自乐。只有我和你可以做到这样啊！"

子路说："要是有一天夫子率领军队打仗，将会与谁同行？"

孔子说："赤手空拳与老虎搏斗，没有船只却要强行渡河，即使死了也不悔悟的人，我不会和他同行。必须是逢事小心谨慎，深思熟虑后才作出决定的人，我才会与他共事。"

臆解

睹孔门师徒情深意切，数古今人物，谁堪比拟？

相关资料

一、子疾病，子路使门人为臣。病间，曰："久矣哉，由之行诈也！无臣而为有臣，吾谁欺？欺天乎？且予与其死于臣之手也，无宁死于二三子之手乎！且予纵不得大葬，予死于道路乎？"（《论语·子罕》）

二、子见南子。子路不说。夫子矢（正色）之曰："予所否者，天厌之！天厌之！"（《论语·雍也》）

三、子路曰："卫君待子而为政，子将奚先？"

子曰："必也正名乎！"

子路曰："有是哉，子之迂也！奚其正？"

子曰：野哉，由也！君子于其所不知，盖阙如也。名不正，则言不顺；言不顺，则事不成；事不成，则礼乐不兴；礼乐不兴，则刑罚不中；刑罚不中，则民无所措手足。故君子名之必可言也，言之必可行也。君子于其言，无所苟而已矣。（《论语·子路》）

四、子贡曰："有美玉于斯，韫椟而藏诸？求善贾而沽诸？"子曰："沽之哉！沽之哉！我待贾者也。"（《论语·子罕》）

五、子之武城，闻弦歌之声。夫子莞尔而笑曰："割鸡焉用牛刀？"

子游对曰："昔者偃也闻诸夫子曰：'君子学道则爱人，小人学道则易使也。'"

子曰："二三子！偃之言是也。前言戏之耳！"（《论语·阳货》）

解析

在孔门，有许多千古不朽，引领人类朝光明大道迈进的哲言谶语，多半是师徒在生活对语里碰撞出来的火花。

本章似一出小型舞台戏，孔子是主角，子路是配角，颜回陪衬。

孔子周游列国，所遇国君，不是昏庸之辈，就是好色胜好德之徒。因而推动他的天下为公仁政思想，并不顺利。自然兴起“用之则行，舍之则藏（退）”念头。信口道出颜回与他有相同理念，言者无心，却让子路五味杂陈，乃有“子行三军，则谁与”的插话。

孔子不愧为“万世师表”，无时不对弟子行“因时施教”。听了子路的恃武，深以为忧。灵机一动，一面警示子路，勿自不量力徒手打虎，无舟渡河自寻死路：一面盼他凡事“临事而惧”，才能“好谋而成。”夫子良言似未进入子路耳里，致有后来在卫只身闯入敌营遭砍成肉酱，再次印证孔子的谶言。

一、夫子在卫国病危，子路是孔门大弟子，以夫子曾在鲁国担任大夫。拟以大夫丧礼规格办理。孔子稍愈，知悉子路所为，斥责子路胡天胡帝，背离“吾道一以贯之”（《论语·里仁》）和“名副其实”诚信。

从本章，我们看见子路对夫子的忠、孝、仁、义；更看到孔子临危不变其所持一贯之道，似这种师尊弟敬情境，在中外教育，空前绝后。

二、参阅本篇第十九章“君子不发誓”。

三、参阅本篇第十四章“正名”。

四、本章关键字“求”“待”。观今世界政坛，“求”官千万；“待”却似孤星！

师徒二人，一个善问，一个妙答，绝！

短短三十多个字的对话，却让我们窥探到师徒二人心境的高低清浊。孔子用“待”等贤君前来请我辅政；而子贡则以“求”找富贵。后来诸葛亮在卧龙岗“待”刘备；陈博在华山“待”宋太祖的高风亮节。

五、子游担任武城宰官。某天，夫子率弟子到武城游玩。闻家家弦歌，心中十分快乐。一语双关对子游说："杀鸡焉用牛刀！"一指子游是大材小用，十分可惜；一指他倡导的礼乐文化已在都城开花结果，都含赞许之意。年轻气盛的子游似未明白夫子微言，以为嫌他花了力气效果却小，心有不甘，冲口用夫子曾教诲他的"君子（领导）学道（礼乐文化）则爱人（百姓）；小人（百姓）学道（礼乐文化）则易使（唤）也"。

夫子一定明白他误会了，却不说破，还自谦刚才讲的话只是一句玩笑。这种不着痕迹的非凡气象，不知子游到了晚年，某天午夜梦回，能否恍然大悟，方知夫子之大，似日、月；自己之小，似井蛙！

拾遗

《论语》师生问答，妙趣横生，意味深长，在中外历史罕见。尤因弟子性格不同，各循其性，问出了夫子许多经国纬民为政大道，是人类赖以生存的凭仗。

从师生问答，看（听）见到处都是稀世珍宝，足够我们一生享用，问题在我们有没有看（听）到？学习到？并化为己有？

第三十五章　孔子的国家情怀

田常欲作乱于齐，惮高、国、鲍、晏，故移其兵，欲以伐鲁。孔子闻之，谓门弟子曰：“夫鲁，坟墓所处，父母之国，国危如此，二三子何为莫出？”子路请出，孔子止之。子张、子石请行，孔子弗许。

子贡请行，孔子许之。……故子贡一出，存鲁，乱齐，破吴，强晋而霸越。子贡一使，使势相破，十年之中，五国各有变……[①]

译文

田常想在齐国叛乱，却害怕高昭子、国惠子、鲍牧、晏圉四位大夫干涉，想利用他们的军队去攻打鲁国。孔子知道了，对弟子们说：“鲁国是埋葬我们祖宗坟墓的地方，国家已经十分危险，谁能出来挽救？先，子路；子张、子石继之，夫子没有答应。子贡请出，夫子同意。……子贡一出，保全了鲁国，扰乱了齐国，灭掉了吴国，使晋国强大，越国称霸。子贡一使，使各国情势发生了相应变化。十年当

---

① 《史记·仲尼弟子列传》

中，齐、鲁、吴、晋、越五国形势各自有了消长……”

臆解

周朝中期以后，天子大权旁落，各地侯国伺机纷起，攻城略地，为后来秦始皇当了开路先锋，成立了大秦帝国。循此，乃有了汉、唐、宋、明……。

解析

《诗经》一句“普天之下，莫非王土，率土之滨，莫非王臣”道出我国春秋时代，“天下”“国家”名虽异而意同。进入末期，周道衰废，诸侯蜂起，君（天子）不似君（天子），则臣（诸侯）亦不似臣（诸侯）。顺史而下，臣弑君，子弑父，时有所见，即，周虽有天子之名，却无天子之实，尸位素餐，致诸侯坐大，逐渐形成“国”之雏形。

孔子生于鲁国，既尊周，尤爱曾生他、育他、教他和埋葬他祖先骨骸的地方，似乎“国家”这一概念即由此生根发芽。那是一种对自己生长的土地、先人眷恋的情怀，与秦汉以后，“朕即国家”，臣民效忠天子即效忠国家风马牛不相及。

骤闻齐国欲伐鲁，自然兴起保护自己家园、祖宗坟墓的责任。子贡在《史记·仲尼弟子列传》《史记·货殖列传》呈现的外交长才皆有着墨，不仅达成救鲁，还让环绕鲁国的侯国各有变。

从齐欲伐鲁到事件结束，孔子对国家安危为后人留下三件文化珍宝：

一、适才适用。

二、不用兵力而保国泰民安。

三、奠定“国家”雏形。

“夫鲁，坟墓所处，父母之国，国危如此”已具“人民、土地、主权”的国家三要素。再经孟子以“民为贵，社稷次之，君（天子，今指领导人）为轻”补充，成了孔子的国家观。

拾遗

秦汉以后，孔子以“仁”为主的国家主权论，却被一群帝魔攫为私有财产，“朕即天下”即是罪证。鉴古观今，为何我国今天汉奸样的人特多，我认为历代皇魔难辞其咎？教育人民只有皇帝而不知国家为何物？

有人道听途说，反诬孔子是帝王护法，我不由念起“人不知而不愠，不亦君子乎”。

第三十六章　禅让——孔子的理想政治

子曰："泰伯，其所谓至德也已矣！三以天下让，民无得而称焉。"（《论语·泰伯》）

译文

孔子说："泰伯称得上具有最高仁德的人了，他再三谦让，把天下让与他的弟弟季历，人民因为不知道这件事，也就无从称颂他。"

臆解

禅让，因；天下为公，果。以此观史，一目了然。

相关资料

一、《礼运大同篇》

昔者仲尼与于蜡宾，事毕，出游于观之上，喟然而叹，仲尼之叹，盖叹鲁也。言偃在侧，曰："君子何叹？"孔子曰："大道之行也，与三代之英，丘未之逮也，而有志焉。大道之行也，天下为公，选贤与能，讲信修睦。故人不独亲其亲，不独子其子，使老有所终，壮有所用，幼有所长，矜寡孤独废疾者，皆有所养。男有分，女有归。货，恶其弃于地也，不必藏于己；力，恶其不出于身也，不必为己。是故谋闭而不兴，盗窃乱贼而不作。故外户而不闭。是谓大同。”

二、子曰：“大哉！尧之为君也。巍巍乎！唯天为大，唯尧则之。荡荡乎！民无能名焉。巍巍乎！其有成功也！焕乎！其有文章。”（《论语·泰伯》）

三、齐景公问政于孔子，孔子对曰：“君君、臣臣、父父、子子。”公曰：“善哉！信如君不君，臣不臣、父不父、子不子，虽有粟，吾得而食诸？（《论语·颜渊》）

四、齐景公有马千驷，死之日，民无德而称焉。伯夷叔齐饿于首阳之下，民到于今称之。（“诚不以富；亦祇以异。”）其斯之谓与？（《论语·季氏》）

五、子曰：“雍也可使南面。”

仲弓问子桑伯子，子曰：“可也，简。”

仲弓曰：“居敬而行简，以临其民，不亦可乎？居简而行简，无乃大简乎？”子曰：“雍之言然。”（《论语·雍也》）

六、孔子谓宓子贱曰：“子治单父而众说，语丘所以为之者。”曰：“不齐父其父，子其子，恤诸孤而哀丧纪（丧事）。孔子曰：“善，小节也，小民附矣！独未足也。”曰：“不齐也，所父事者三人，所兄事者五人，所友者十一人。”孔子曰：“父事三人，可以教孝矣；兄事五人，可以教弟矣；友十一人，可以教学矣。中节也，中民附矣，独未足也。”曰：“此地民有贤于不齐者五人，不齐事之，皆教不齐所以治之术。”孔子曰：“欲其大者，乃于此在矣。昔者尧、舜清微其身，以听观天下，务来贤人。夫举贤者，百福之宗也，而神明之主也，惜乎！不齐之所治者小也！不齐所治者大，其与尧、舜继矣。”①

七、孟子曰：“民为贵，社稷次之，君为轻。”②

八、孟子告齐宣王曰：“君之视臣为手足，则臣视君如腹心；君之视臣如犬马，则臣视君如国人；君之视臣如土芥，则臣视君如寇仇。”③

九、齐宣王问曰：“汤放桀，武王伐纣，有诸？”

孟子对曰：“于传有之。”

曰：“臣弑其君，可乎？”

曰：“贼仁者谓之‘贼’，贼义者谓之‘残’，残贼之人，谓之‘一夫’。闻诛一夫纣矣，未闻弑君也。”

十、楚共王出猎，而遗其弓。左右请求之。共王曰：“止，楚人遗弓，楚人得之，又何求焉？”仲尼闻之曰：“惜乎其不大，亦曰‘人遗弓，人得之而已，何必楚也？’”仲尼所谓大公也。④

十一、孙中山先生说：照中国几千年的历史看，实在负政治责任为人民谋幸福的皇帝，只有尧、舜、禹、汤、文、武，其余的那些皇帝，都是不能负政治责任为人民谋幸福的。所以中国几千年的皇帝，只有尧、舜、禹、汤、文、武能够上无愧于天，下无怍于民。他们所以能够达到这种目的，令我们在几千年之后都来歌功颂德的原因，是因为他们有两种特别的长处：第一种长处是他们的本领很好，能够做成一个良政府，为人民谋幸福。第二种长处是他们的道德很好，所谓“仁民爱物”“视民如伤”“爱民若子”，有这种仁慈的好道德。因为他们有这两种长处，所以对于政治能够完全负责，完全达到目的。中国几

① 《说苑·政理》
② 《孟子·尽心下》
③ 《孟子·离娄下》
④ 《孟子·梁惠王下》

千年来，只有这几个皇帝令后人崇拜，其余的皇帝不知道有多少，甚至于后人连有许多皇帝姓名都不知道。历代的皇帝，只有尧、舜、禹、汤、文、武有很好的本领，很好的道德……”①

解析

一、《礼运大同篇》是东汉戴德、戴胜、马融编辑前儒所记而成《礼记》中的一篇。因而，后儒众说纷乱，有认为孔子《礼运大同篇》系后人循孔子之意杜撰。我不以为然。理由如下：

1.“听其言而观其行。”（《论语·公冶长》）我补充一句：“听孔子言，再思其以前所有言。因而，反复揣摩孔子遗留的嘉言懿行，如放在“礼运大同”里，竟然似鱼水相欢、相彰、相证。

2.子曰：“老者安之，朋友信之，少者怀之。”（《论语·公冶长》）便是他早年酝酿“礼运大同”的雏形。

3.《礼运大同篇》内容，拿来与今天西方所谓民主、自由、人权国家相较，不仅毫不逊色，而且过之，喻之为“人类民主先行者”不为过。

二、孔子在《论语·泰伯》赞尧之德似天，无不包容。在后人能被人颂为天，仅孔子一人。即子贡在（《论语·子张》）喻“夫子之不可及也，犹天之不可阶而升也”。

尧留与人类千秋不朽功业有三：

1.禅让

尧之前，沿袭父传子的家天下，至尧：尧知子丹朱之不肖，不足授天下，于是乃权授舜。授舜，则天下得其利而丹朱病；授丹朱，

---

① 《说苑·至公》（六），孙中山先生：《三民主义·民权主义五讲》。

则天下病而丹朱得其利。尧曰“终不以天下之病而利一人”，而卒授舜以天下。[1]

可惜只传了三代，至禹殁，又回老路。从此，尧、舜……孔子的“天下为公”成了挂在天空的几颗孤星。

2. 选贤与能

在《说苑 · 君道》有一段形容尧如何“选贤与能”：

“当尧之时，舜为司徒，契为司马，禹为司空，后稷为田畴……，伯夷为秩宗，皋陶为大理，益掌敺禽，尧体力便巧，不能为一焉。尧为君而九子为臣，其何故也？尧知九职之事，使九子者各受其事，皆胜其任，以成九功，尧遂成厥功，以王天下。是故知人者主道也，知事者臣道也，主道知人，臣道知事，毋乱旧法，而天下治矣。

“帝尧者，放勋。其仁如天，其知如神。就之如日，望之如云。富而不骄，贵而不舒。黄收纯衣，彤车乘白马。能明驯德，以亲九族。九族既睦，便章百姓。百姓昭明，合和万国。”[2]

唐太宗说：“以古为镜，可以知兴替。”以之观今，许多所谓民主国家空拥民主之名，却无民主之实，与尧、舜相比，有天渊之别。

3.

三至四：“景公好治宫室，聚狗马，奢侈，厚赋重刑”是司马迁在《史记 · 齐太公世家》对齐景公的评语。如要真正了解他的痴愚，乖张言行，《晏子春秋》有巨细靡遗介绍。所以，孔子乃有“君似君”，然后才能要求“臣似臣”委婉警示。

生前只知有己，而不知有民，跟着而至的就是“死之日，民无德而称焉”，遭民唾弃。

---

① 《史记 · 五帝本纪》
② 《史记 · 五帝本纪》

五至六：深植在孔子心底的理想政治——“天下为公”。听其言，观其如何行言，践言？除此，还要他人客观旁证，尤其是无时不环侍在他左右，放大眼珠、耳朵，观察夫子言行举止的三千弟子。

陈亢便是其中之一。某天，私下问孔鲤，你父亲有没有用特别学习要诀教你。问了半天，恍然大悟，自言自语：“问一得三：闻《诗》，闻礼，又闻君子（孔子）之远其子也。”（《论语·季氏》）

孔子为何特别崇敬尧、舜、禹，即在他们皆具有禅让，选贤与能，以百姓心为已心的至德。凡具有以上三至德者，皆是他心中的至德君子。他的弟子仲弓、宓子贱即是。读他曰“雍也可使南面”和“惜也，不齐（宓子贱）为之小；为之大，功乃与尧、舜参（同位）矣”知孔子一生无时无刻不怀“天下为公”之志。

子贡的“夫子之不可及也，犹天之不可阶而升也”（《论语·子张》）的话，正是我探索孔子思想数十载渐悟我见与子贡之见如出一辙，惊喜不已。

七、八、九：孟子不仅承袭孔子“天下为公”的仁本政治思想，还更进一步向世界宣示：“民为贵（民是主人），社稷次之（国家主权属于人民）。君为轻（天子、诸侯只是人民的仆人）。如果天子、诸侯欺压人民，人民有权诛杀他。”

不幸，在历史长河，先遇到意识纷沓的战国，有哗众取宠、合纵连横，操弄权术的纵横家；拉帮结派，挟兵自重的兵家；严刑峻法，草菅人命的法家……而和平中正的儒家却在浊世消失。到了嬴政时，用法匠赵高、李斯，重法贱德，人民似蝼蚁，予刘邦可乘之机。继之，谀儒叔孙通订取媚刘邦的朝纲，从此，“孔孟”民为重，君为轻的“天下为公”思想成为梦幻，直到孙中山先生当政时，才在他的《三民主义》中大放异彩。

十、楚人失弓，楚王以“楚人遗弓，楚人得之，又何求焉”对，是“小康”格局；而孔子以“人遗弓，人得之而已，何必楚也”，才是孔子讲的“天下为公”大同世界。

十一、清末民初，知识分子留学国外“取经”不少。能似孙中山先生高瞻远瞩，树林俱见，既观察到西方的科学、民主、人权；亦具慧眼看见我国几千年前尧、舜、禹、孔，他们早已做到“仁民爱物、视民如伤”“爱民若子”，所以得到古今百姓歌颂、崇敬，誉之为孔、孟之后的大政治家，实至名归。孙先生如补加一句：我们更有超越今天欧美民主制度的“禅让”至德，不更让洋人及留外学者瞠目结舌？

拾遗

自尧、舜……至今四千多年的历史长河，波涛汹涌，诡谲多变，用“兴衰”二字便可概括。叹人性情、欲无穷，致历史“兴”少“衰”多。

孔子生于“春秋”衰世，知“唯‘天下为公’才能达到‘兴’”；反之为“衰”。故太史公曰：《春秋》之中，弑君三十六，亡国五十二，诸侯奔走不得保其社稷者，不可胜数，察其所以，皆失其本已。[①]

战国起，功利主义挂帅。合纵连横、法家、兵家、莫不以搏旦夕荣华富贵为鹄，孔子以“仁”为本的“天下为公”政治理想亦随其入土。

嬴政起，法家、兵家，供给嬴政对庶民生杀予夺大权，儒学亡。

汉兴，谀儒叔孙通定朝纲，满足了刘邦天下唯我独尊胃口，群臣

① 《史记·太史公自序》

如同丐儿，乃有“吾乃今日知为皇帝之贵也”接踵而至，又一谀儒董仲舒，滥解“三纲”：“以君为臣纲，父为子纲，夫为妻纲”；令人民屈服，完全背离孔孟之道，变成“君（王）为天，社稷次之，民为奴”的专制独裁政权。从此，中华无男儿。

民初，孙中山先生以上“智”知中华民族古今兴衰之由，下观世界民主、科学趋变，洞中肯綮。知吾国如欲起兴除衰，孔子穷一生推动的“天下为公”，无疑是复兴中华唯一药方。

写到这儿，欣逢我国纪念抗日胜利 70 周年（2015 年 9 月 3 日）在北京天安门举行隆重阅兵和分列式，习近平主席同时向世界宣布重点有二：1. 中国永远不称霸，永远不扩张，永远不会把自身曾经经历过的悲惨遭遇强加给其他民族；2. 中国将裁军 30 万人。

心悬孔子一生追求的“天下为公”；心诵孙中山先生遗嘱，“和平、奋斗、救中国”；敬聆习主席和平宣言。我不自觉昂首朝上望去，仿佛看见天上有三个硕大无比的字“中华魂”现于碧空！

第三十七章　孔子的生死观

子曰："朝闻道，夕死可矣！"（《论语·里仁》）

译文

孔子说："假如有一天，听到天下都在推行我的天下为公大道，即使在此时死去，我也高兴。"

臆解

弟子记载夫子言论，为了省力节物，刻简过度简略，反遗大旨。后来所谓硕学大儒，不知探赜索隐，仅凭字义，译成："如果能在早晨悟得事物的真理，那么即使在当天晚上死去也了无遗憾。"是吗？请读以下资料。

相关资料

一、明岁，子路死于卫。孔子病，子贡请见。孔子方负杖逍遥于门，曰："赐，汝来何其晚也？"孔子因叹，歌曰："太山坏乎！梁柱摧乎！哲人萎乎！"因以涕下。谓子贡曰："天下无道久矣，莫能宗予。”……后七日卒。[①]

二、韩国已逝政治家金九说：“如果有人问我愿意以哪种方式死去，我最大的希望是等到韩国完全独立那天，回到祖国举行入城仪式后死去。”[②]

三、曾任台湾经济部长的赵耀东在美国参观福特汽车厂时，心中有了一个心愿：“假如我能替中国办一个全球最大汽车制造厂，我死都瞑目了。”[③]

解析

参阅多家《论语》译本，似是一个模子出来：孔子说：“早上闻知大道，晚上死去都行。”是吗？

孔子言论有一个特征：易知，能行。而上举译文就犯了不易知，不易行的毛病。

以《论语》《史记·孔子世家》……及我们的生活体验去解“朝闻道……”离孔子之意虽不一定相符，至少不远。我上面的译文就是参照以上资料出来的。

一、子曰：“天下无道久矣，莫能宗予（我）。”就是诠释孔子的终身大志：“天下为公，世界大同。”没有在生前实现！

二至三：韩国开国元老金九（1876—1945），抗战时期，韩设临时政府于重庆与曾任台湾省经济部部长赵耀东，不约而同在生前道出自己的人生愿望，一个是摆脱日本统治，在韩国光复时死去；一个希望在有生之年为中国创办一个全球最大汽车制造厂，称之民族英

---

① 《史记·孔子世家》
② 金九：《白凡逸志》，重庆出版社2006年版。
③ 台湾《联合报》2008年8月23日。

雄，不为过。如与孔子相较略显逊色，因孔子一生愿望：天下为公，世界大同。

拾遗

人皆有志，因性而有天壤之别。

一般百姓之志，丰衣足食，妻（夫）贤子孝过一生，代表了社会的多数人。

富贵人家之志，多子多孙多福寿。唐朝杜暹五代同堂为代表。

志士的志，国盛民富，金九、赵耀东是。

野心家的志，天下皆我私有，直到亿万世，非秦始皇莫属。

圣人之志，一生一心一意为人类谋幸福，创造人间天堂，死而后已，唯孔子独步天下。

第三十八章　时哉

色斯举矣，翔而后集。（孔子）曰："山梁雌雉，时哉！时哉！"子路共之，三嗅而作。（《论语·乡党》）

译文

停留在山梁一端的雌雉看到人来，惊骇地叫了一声飞起，在空中盘旋审视了一会儿，见没有危险，便歇落在山梁的另一端。孔子说："停留在山梁上的野雉，真是知时啊！真是知"时"啊！"子路听了，双手朝野雉挥舞，野雉再次受到惊骇，叫了几声，展翅飞走了。

臆解

智者，知"时"而起，背"时"而隐；愚者反是。孔子是智者，更是完人。虽一生"背时"，却不因而"怨天尤人"，转而致力三不朽：立德"万世师表"、立功"倡五伦奠社会和谐秩序"、立言"为后人留下赖以生存凭仗的箴言、谶言（预言）、正言"。

相关资料

一、孔子去曹适宋，与弟子习礼大树下。宋司马桓魋欲杀孔子，拔其树。孔子去。弟子曰："可以速矣。"孔子曰："天生德于予，桓魋其如予何？"①

二、孔子适郑，与弟子相失，孔子独立郭东门。郑人或谓子贡曰："东门有人，其颡（额头）似尧，其项（颈）类皋陶，其肩类子产，然自要（腰）以下不及禹三寸，累累若丧家之狗，子贡以实告孔子，孔子欣然笑曰："形状，末也。而谓似丧家之狗，然哉！然哉！"②

三、齐景公待孔子，曰："若季氏，则吾不能，以季、孟之间（俸禄）待之。"曰："吾老矣，不能用（你）也。"孔子行。（《论语·微子》）

四、齐人归女乐（歌姬舞女）。季桓子（大夫）受之，三日（多日）不朝。孔子行。（《论语·微子》）

五、楚狂接舆歌而过孔子曰："凤兮！凤兮！何德之衰？往者不可谏，来者犹可追。已而！已而！今之从政者殆而！"

孔子下（车），欲与之言。趋而避之，不得与之言。（《论语·微子》）

六、长沮、桀溺耦而耕。孔子过之，使子路问津（渡口）焉。

长沮曰："夫执舆者为谁？"

子路曰："为孔丘。"

曰："是鲁孔丘与？"

曰："是也。"

曰："是知津矣。"

问于桀溺。桀溺曰："子为谁？"

---

① 《史记·孔子世家》

② 《史记·孔子世家》

曰："为仲由。"

曰："是鲁孔丘之徒与？"

对曰："然。"

曰："滔滔者天下皆是也，而谁以易之？且而与其从辟人之士也，岂若从辟世之士哉？"耰而不辍。

子路行以告。

夫子怃然曰："鸟兽不可与同群！吾非斯人之徒与而谁与？天下有道，丘不与易也。"（《论语·微子》）

七、子路从而后，遇丈人，以杖荷蓧。

子路问曰："子见夫子乎？"

丈人曰："四体不勤，五谷不分，孰为夫子？"植其杖而芸。

子路拱而立。

止子路宿，杀鸡为黍而食之，见其二子焉。

明日，子路行以告。

子曰："隐者也。"使子路反见之。至则行矣。

子路曰："不仕无义。长幼之节，不可废也；君臣之义，如之何其废之？欲洁其身，而乱大伦。君子（指孔子）之仕也，行其义也。道之不行，已知之矣！"（《论语·微子》）

八、子路宿于石门。晨门曰："奚自？"子路曰："自孔氏。"曰："是知其不可为而为之与？"（《论语·宪问》）

九、壶遂曰："孔子之时，上无明君，下不得仕用，故作《春秋》，垂空文以断礼仪，当一王之法。"[①]

十、太史公曰："余闻董生曰：'周道衰废，孔子为鲁司寇，诸

---

① 《史记·太史公自序》

侯害之，大夫壅之。孔子知言之不用，道之不行也，是非二百四十二年之中，以为天下仪表，贬天子，退诸侯，讨大夫，以达王事而已矣'。"子曰："我欲载之空言，不如见之事之深切著明也。夫《春秋》，上明三王之道，下辨人事之纪，别嫌疑，明是非，定犹豫，善善恶恶，贤贤贱不肖，存七国，继绝世，补弊起废，王道之大者也。"①

十一、子曰："人不知（我）而不愠，不亦君子（智者）乎？"（《论语·学而》）

十二、孔子临终，谓子贡曰："天下无道久已，莫能宗予。"②

十三、子曰："吾道一以贯之。"（《论语·里仁》）

解析

地球因四序、昼夜转动而生生不息。社会亦相因有生死、兴衰、乐苦、明暗之别。"时"如有误，天摇地动。

人，出生太平盛世，兴尽而死。反之，若生不逢时，又长于贱鄙，筋疲力尽、早夭，是命。悻活，有人活得很累，含恨而终；有人却将贱鄙当苦药补心。如有得，与人分享，并泽及后人，孔子是也。

动物尚知"时"，逃跑保命，孔子看在眼里，记在心底，自己不就似野雉，常遭人追杀，百味杂陈，有了"时哉！时哉"的感叹。

一至二：鲁哀公二年，孔子59岁。在宋，听说宋司马桓魋为了自己死后不朽，找工匠为他做一副石棺，三年未成。便评论曰：这种人死后早点烂掉。惹怒桓魋，乃有"欲杀孔子，拔其树"之举。为了安全，过郑赴陈。"适郑"，师徒走失，乃有孔子自嘲似丧家狗。知铸造一个空前绝后的大思想家，必须遍受人间至痛、至苦、至饥，乃

① 《史记·太史公自序》
② 《史记·孔子世家》

克有成。

三至四：鲁昭公二十四年，孔子三十七岁，在齐。齐景公是低能儿，在《晏子春秋》有淋漓尽致的描述。“道不同，不相为谋”，孔子不为齐重用是必然。唯一可喜的是，孔子因为观察到齐景公的痴愚、好色；晏子的嫉贤妒能。反而对他成为人类绝后空前的思想家，教育家，政治家，心理学家……增添许多洞彻事理及人情的珍贵资料。

五至八：孔子周游列国十四年（前 497—前 484 年），在政坛看尽官场富贵人家的好色、好财、势力卑劣的嘴脸；在民间，亦发现不少所谓隐士高人自以为是，放言高论，对孔子极尽嘲弄、讽刺，为后来“杨子取为我，拔一毛而利天下，不为也”① 学派当了开路先锋。

九至十：孔子逝世四百年后，我国史学巨擘司马迁在其《史记·孔子世家》《太史公自序》中再三对孔子一生虽逢乱世，不为权贵所用，反而彰显他的高风亮节，颂之为“至圣”，表达了至高敬意。

十一、人，各有其性；加上人人皆有或大或小的“意必固我”人性劣苗，以及每人成长的环境殊异，以此，要别人了解我，难！方有“人不知（我）而不愠”之叹！

十二、孔子临终一句“天下无道久矣，莫能宗予”，道出他一生致力“天下为公”理想的无奈！

十三、“吾道一以贯之”，是对他一生理想、志业、智德的总结。

拾遗

孔子一生，苦多乐少。

联想到子曰“贫（背时）而（能）乐”（《论语·学而》）和“贫

---

① 《孟子·尽心上》

（背时）而无怨难”（《论语·宪问》），拿来印证吾人与之相同状况，如没有容天地，吞四海的无限大心态，难！孔子做到了。

孔子大半人生是在“背时”能怡然自乐走过，才有司马迁颂他为“至圣”、儒者尊他为智者，万世师表，思想家魁首的主因吧？

第三十九章　辞别尘世，思想永留人间

子贡引古人言："其生也荣，其死也哀，如之何其可及也？"（《论语·子张》）

译文

子贡引古人的话："夫子生前，人人敬服；逝世，人人同悲。像这样的，有谁可以做到？"

臆解

五岁，随亲人看戏，独钟孙悟空。随之而来的是包青天、岳飞、武松……人生如戏。一面看古人演戏；也在为自己做戏。就这样，看戏，演戏，过了八十年。回首往尘，看别人演戏，大致还能看清是非、善恶、安危；却对自己演戏，屡屡荒腔走板而不知所措。蹉跎到晚年，方看见一位先生，"其颡似尧，其项类皋陶，其肩类子产，然自要以下不及禹三寸"（《史记·孔子世家》）。听其言，似雷鸣，声声动心，原来这人便是我找了一辈子的老师。他的名字叫孔丘。从此，心似碧空，了无滞碍。

相关资料

一、孟子曰："君子（权贵）之泽（传承）五世（代）而斩（断绝），小人（平民百姓）之泽（传承）五世而斩（断绝）。予未得为孔子徒也，予私淑诸人也。"①

二、孔子葬鲁城北泗上，弟子皆服三年。三年心丧毕，相诀而去，则哭，各复尽哀；或复留。唯子贡庐于冢上，凡六年，然后去。弟子及鲁人往从冢而家者百有余室，因命曰孔里。鲁世世相传以岁时奉祠孔子冢，而诸儒亦讲礼乡饮大射于孔子冢。孔子冢大一顷。故所居堂弟子内，后世因庙藏孔子衣冠琴车书，至于汉二百余年不绝。高皇帝过鲁，以太牢祠焉。诸侯卿相至，常先谒然后从政。②

三、太史公曰：《诗》有之："高山仰止，景行行止。"虽不能至，然心乡往之，余读孔氏书，想见其为人。适鲁，观仲尼庙堂车服礼器，诸生以时习礼其家，余祗回留之不能去云。天下君王至于贤人众矣，当时则荣，没则已焉。孔子布衣，传十余世，学者宗之。自天子王侯，中国言六艺者折中于夫子，可谓至圣矣！③

四、子赣既学于仲尼，退而仕于卫，废著鬻财于曹、鲁之间，七十子之徒，赐最为饶益。原宪不厌糟糠，匿于穷巷。子贡结驷连骑，束帛之币以聘享诸侯，所至，国君无不分庭与之抗礼。夫使孔子名扬于天下者，子贡先后之也。此所谓得势而益彰者乎？④

解析

一、日月交替，春秋轮回，是大自然现象，人亦复是？

---

① 《孟子·离娄下》
② 《史记·孔子世家》
③ 《史记·孔子世家》
④ 《史记·货殖列传》

五世（代）而斩，与老子，“祸福相倚”意似，穷与富、贱与贵，互为轮回。时间拉长，贫、贱，何悲？富、贵何喜？不都会出现在自己或后人身上？唯孔子，躯壳入土，其思想却永垂人间。孟子虽距孔子五世，却不受限，承袭其思想。证明唯思想家散播的智慧与天地共存。

二至三，从“孔子葬鲁城北泗上，……”此所谓得埶（同势）而益彰者乎？一句话可以概括。“德不孤，必有邻。”（《论语·里仁》）两千多年来，千千万万的后人，不都是以做孔子的邻居为荣？

四、子贡在孔门独树一帜，颖悟过人，孔门高足、外交奇才、商界鳌头。善问，是夫子临终最想见到的弟子。子贡在《子张》将夫子视为天、日；在《说苑·善说》将夫子譬喻为江海，大山林，莫知其广，其深。用“其生也荣（三千弟子以父事之），其死也哀（弟子皆在墓守丧三至六年）”由子贡道来，前无古人，后无来者。

在众多弟子里，子贡具有以下六个特色：

1. 一生视夫子为日、月、山、圣。

2. 夫子临逝最想见的弟子。

3. 夫子殁，唯他守墓 6 年。

4. 在孔门是拥有与诸侯财富分庭抗礼的成功巨贾，却用来周游列国宣扬夫子思想，鞠躬尽瘁，死而后已。

5. 子路、子贡，在孔门挨骂最多，也是孔子最爱的弟子。

6. 在《论语》，子路出现 47 次，子贡 44 次。要是少了他们生动的表现，将会增加后人了解孔子的难度。

拾遗

数古今风流人物，能做到子贡赞夫子“其生也荣，其死也哀”标准的，绝无仅有。尤其孔子已辞世数千年，即便有些人欲借贬孔以抬高自己，不正应了子贡的“多见其不知量也”（《子张》）？

第二篇　假孔子

第一章　以偏（忠恕）概夫子之“一”

子曰：“参乎！吾道一以贯之。”曾子曰：“惟。”

子出。门人问曰：“何谓也？”曾子曰：“夫子之道，忠恕而已矣。”（《论语·里仁》）

译文

孔子说：“曾参啊！我一生的思想、言行，只要用‘一’就可以把它们贯穿起来。”曾子说：“是。”

孔子说完这句话就出去了，其他年幼弟子不懂，问：“夫子刚才说的话是什么意思呢？”曾子说：“夫子说的，只是忠、恕罢了。”

臆解

“一”，孔子思想的归纳；“忠，恕”仅是近百德行之二。

相关资料

一、曾参，南武城人，字子舆，少孔子四十六岁。

孔子以为能通孝道，故授之业，作《孝经》，死于鲁。[①]

二、“柴也愚，参也鲁（迟钝），师也辟（偏激），由也喭（鲁莽）。”（《论语·先进》）

三、曾子芸瓜而误斩其根。曾皙怒，援大杖击之。曾子仆地，有顷乃苏，蹶然而起，进曰：“曩者参得罪于大人，大人用力教参，得无疾乎？”退屏鼓琴而歌，欲令曾皙听其歌声，令知其平也。孔子闻之，告门人曰：“参来勿内也！”曾子自以无罪，使人谢孔子，孔子曰：“汝不闻瞽叟有子名舜？舜之事父也，索而使之，未尝不在侧，求而杀之，未尝可得。小箠（竹鞭）则待，大箠则走，以逃暴怒也。今子委身以待暴怒，立体而不去，杀身以陷父不义，不孝孰是大乎？汝非天子之民耶？杀天子之民罪奚如？”以曾子之材，又居孔氏之门，有罪不自知，处义难乎！[②]

四、有子问于曾子曰：“问丧（失官）于夫子乎？”曰：“闻之矣。丧欲速贫，死欲速朽。”有子曰：“是非君子（孔子）之言也。”曾子曰：“参也闻诸夫子也。”有子又曰：“是非君子之言也。”曾子曰：“参也与子游闻之。”有子曰：“然，然则夫子有为言之也。”曾子以斯言告于子游。子游曰：“甚哉，有子之言似夫子也。昔者夫子居于宋，见桓司马自为石椁（棺），三年而不成。夫子曰：‘若是其靡也，死不如速朽之愈也。死之欲速朽，为桓司马言之也。’南宫敬叔反，必载宝而朝。夫子曰：‘若是其货也，丧不如速贫之愈也。’丧之欲速贫，为敬叔言之也……”[③]

五、“忠恕违道不远，施诸己而不愿，亦勿施于人。”[④]

六、子曰：“赐也，女以予为多学而识之者与？”对曰：“然，非与？”曰：“非也。予一以贯之。”（《论语·卫灵公》）

---

① 《史记·仲尼弟子列传》
② 《说苑·建本》
③ 《礼记·檀弓上》
④ 《中庸·第十三章》

七、子贡问曰："有一言而可以终身行之者乎？"子曰："其'恕'乎！己所不欲，勿施于人。"（《论语·卫灵公》）

解析

一、读《史记·仲尼弟子列传》，司马迁似独钟子贡、子路，介绍着墨不少；对曾子仅用了三十四个字，不知是何缘故。

二、逐一观察夫子对弟子性向评语，无不若合符节，像一台X光机，将一个个弟子肺腑一览无余。如评论具有暴虎冯河性格的子路，虽屡次告诫，不改，卒在参与卫国内乱，遭敌方砍成肉酱的悲剧。

再看被孔子评为"鲁"的曾参，资料三、资料四两个小故事，不正与"鲁"若合符节？

资料五至七，三则语录，不论讲"忠，恕"，或"予一以贯之"，都是泛称。"忠"指（做事专心），"恕"讲（做人尽心）。

本章关键词："吾道一以贯之""子出""忠恕"。

1. 吾道一以贯之

（1）一生学而不厌，一以贯之

子曰："学而时习之，不亦说乎？"（《论语·学而》）

子曰："十室之邑，必有忠信如丘者焉，不如丘之好学也。"（《论语·公冶长》）

子曰："加我数年，五十以学《易》，可以无大过矣。"（《论语·述而》）

子曰："吾尝终日不食，终夜不寝，以思，无益，不如学也。"（《论语·卫灵公》）

子曰："吾十有五而志于学……七十而从心所欲，不逾矩。"（《论语·为政》）

（2）一生诲人不倦，一以贯之

子曰："自行束修（15岁）以上，吾未尝无诲焉。"（《论语·述而》）

子曰："若圣与仁，则吾岂敢？抑为（学）之不厌，诲人不倦，则可谓云尔已矣。"（《论语·述而》）

（3）一生践行中庸之道，一以贯之

子曰："……我则异于是，无可无不可。"（《论语·微子》）

子曰："君子之于天下也，无适（可）也，无莫（不可）也，义之与比。"（《论语·里仁》）

子谓颜渊曰："用（为政）之则行（为人类），舍之则藏（隐）……"（《论语·述而》）

（4）追求"天下为公"，一以贯之

子曰："朝闻道，夕死可矣。"（《论语·里仁》）

子曰："志于道，据于德，依于仁，游于艺。"（《论语·述而》）

子曰："大道之行也，天下为公……"（《礼记·礼运》）

子曰："老者安之，朋友信之，少者怀之。"（《论语·公冶长》）

（5）一生诚信待人，一以贯之

子曰："人而不信，不知其可也。大车无輗，小车无軏，其何以行之哉！"（《论语·为政》）

子曰："君子义以为质，礼以行之，孙以出之，信以成之。君子哉！"（《论语·卫灵公》）

（6）一生教育不分亲疏，一以贯之

陈亢问于伯鱼曰："子亦有异闻乎？"

对曰："未也。……"

陈亢退而喜曰："问一得三。闻《诗》、闻礼，又闻君子之远其子也。"（《论语·季氏》）

（7）一生淡泊名利，一以贯之

子曰："饭疏食，饮水，曲肱而枕之，乐亦在其中矣。不义而富且贵，于我如浮云。"（《论语·述而》）

（8）一生不怨天，不尤人，一以贯之

子曰："不怨天，不尤人，下学而上达（智）。知我者其天乎！"（《论语·宪问》）

（9）一生绝四："意、必、固、我"（子罕）一以贯之。

2. "子出"

无巧不成书。孔子上课讲到"吾道一以贯之"，有事离开。是时，曾子二十多岁（少夫子46岁），是其他门人（15至20岁左右的弟子）的学长，担任辅导工作，门人不解夫子之意，转问，曾子脱口而出一句"夫子之道，忠恕而已矣"成了除宋朝叶适认为曾子以"忠恕"解释"一贯"与孔子原意不合外，其他诸儒便一直在"道听途说"，积非成是，肯定曾参以"忠恕"释夫子"一"无误。从此天下读书人都成了学而不疑、不问的应声虫。

3. "忠恕"

《论语》记载，孔子拥有近百个德目[①]。除"忠（专心做事）、恕（宽以待人）外，尚有智、孝、仁、信、敬、时"等，因而，以"忠恕"代表孔子"吾道一以贯之"，是以偏概全。

"参也鲁"（反应迟钝）。符合孔子"刚、毅、木、讷，近仁"（《论

---

① 《论语》记载，孔子具有德目：智、仁、勇、忠、恕、信、孝、敬、悌、学、行、谨、重、温、良、恭、俭、让、志、礼、和、义、道、正、周、直、慈、善、宽、忍、容、乐、问、美、贤、刚、惠、清、思、愚、安、怀、敏、恒、圣、时、讱、明、远、达、泰、贫乐、富礼、知命、知言、好古、知人、不器、温故、君子、讷言、自讼、无讼、坦荡、绝四、崇德、正名、爱人、辨惑、中行、成事不说、遂事不谏、既往不究、不念旧恶、先事后得、过犹不及、克己复礼、学习为己、君子固穷、成人之美、先难后获、诲人不倦、临事而惧。

无可无不可、君子求诸己、不怨天尤人、无求备于一人、见小利则大事不成、不在其位不谋其政、道不同不相为谋、敬鬼神而远之、天下有道则仕、无道则隐、不义而富且贵，于我如浮云，丘也幸，苟有过，人必知之等近百德目，都是由孔子"一"的泉源溢出的琼浆。

语·子路》）之义，所以，行孝、著《孝经》是其长。在相关资料三、四，却暴露其有断章取义之嫌。再佐以资料五、六、七里的“忠恕”，皆指单一德目，却对后人研究孔子思想似引人入盲。

综 述：“形而上谓之道，形而下谓之器。”

以上所列孔子践行的诸种德目是“器”；而统摄其所有德目，则是形而上谓之道的“一”。即“一”是孔子一生思想、言行的归纳。

拾遗

一段对话，因“子出”，成了师徒二人各说各话的千古疑案。

我敬曾子的“忠恕”，更爱孔子的“一”。

曾子教我以“孝”，孔子授我以“智”。“智”是诸德源泉：有“智”，才有孝；有孝，未必有“智”。

祖宗无心之错，后人应有拨乱反正的勇气，却不失对曾子的仰慕。

孔子也曾自嘲“丘也幸，苟有过，人必知之”（《论语·述而》），因而有了下面的意译：

孔子说：“我一生的理想、言行，都在‘一’的范畴内活动。”

第二章　盲人（弟子）摸象（夫子）

子夏之门人问交于子张。子张曰："子夏云何？"

对曰："子夏曰：'可者与之，其不可者拒之。'"

子张曰："异乎吾所闻，'君子尊贤而容众，嘉善而矜不能。'我之大贤与，于人何所不容？我之不贤与，人将拒我，如之何其拒人也？"（《论语·子张》）

译文

子夏的弟子向子张请教交友之道。子张说："你的夫子子夏怎么说？"

子夏的弟子说："我的夫子子夏说：'结交益友，拒交损友。'"

子张说："这和我在老夫子那儿听到的不同：'凡是君子，尊重贤人，也要容纳一般的平庸的人；嘉许善人，也要宽悯无能之人。'我若是一个贤能的人，对谁不能包容？若是一个不贤能的人，只怕是别人先要拒纳我，哪里还会等我来拒纳人？"

臆解

孔子殁，无弟子得其“全”，各得一体，中华民族大憾。

相关资料

一、子游曰：“子夏之门人小子，当洒扫、应对、进退，则可矣，抑末也。本之则无，如之何？”

子夏闻之，曰：“噫！言游过矣！君子之道，孰先传焉？孰后倦焉？譬诸草木，区以别矣。君子之道，焉可诬也？有始有卒者，其惟圣人乎！”（《论语·子张》）

二、子夏问孔子曰：“颜回之为人奚若？”子曰：“回之仁贤于丘也。”曰：“子贡之为人奚若？”子曰：“赐之辩贤于丘也。”曰：“子路之为人奚若？”子曰：“由之勇贤于丘也。”曰：“子张之为人奚若？”子曰：“师之庄贤于丘也。”子夏避席而问曰：“然则四子者，何为事夫子？”曰：“居，吾语汝。夫回能仁而不能反，赐能辩而不能讷，由能勇而不能怯，师能庄而不能同。兼四子之有以易吾，吾弗许也。此其所以事吾而不贰也。”[①]

三、“柴也愚，参也鲁，师也辟，由也喭。”（《论语·先进》）

四、颜渊喟然叹曰：“仰之弥高，钻之弥坚，瞻之在前，忽焉在后。夫子循循然善诱人，博我以文，约我以礼，欲罢不能。既竭吾才，如有所立卓尔，虽欲从之，末由也已。”（《论语·子罕》）

解析

“钟鼎山林各天性。”孔门弟子三千，亦因性格在夫子那儿学到的

---

① 《列子·仲尼》

仅限于他本身有兴趣的东西。我们只要分别专题研究子夏、子张、子贡、子路、曾参就明白了。

子夏晚年，因丧子而悲恸过度导致眼睛失明，予以推断，性格保守拘泥、偏执。夫子因材施教“女（汝）为君子（大开大合）儒，无为小人（偏颇、拘谨、小节）儒”（《论语·雍也》）；子张志大意疏，常有轻率、浮躁倾向，夫子以“言忠信，行笃敬”（《论语·卫灵公》）教。

因而，子夏门人向子张请教，必然问不出一个大家都想要的答案。

一、子游、子夏，同列孔门文学科。亦因性格，子夏教弟子偏重家庭礼仪，乃有洒扫、应对、进退之教；子游好礼乐，为武城宰，家家弦歌，故教弟子偏“礼，乐”以为“本”。

性格决定学习内容、方向，由此所用必相异，乃有二人之争，一人一把号，各吹各的调。

二、凡人多矜己长而略己短，长短随“时”（中庸）而用是智者：颜回能仁（爱人）而不知反（照顾自己，亦是仁）；子贡能辩而不知讷（有时，无声胜有声）；子路能勇而不知怯（退）；子张能庄（自矜）而不同（不知如何与人和谐相处）。

人皆有所短，知短才能修短，固长。

三、夫子对弟子考评，分为两类：（1）以颜回、闵损、冉耕、宓子贱为代表，褒多贬少；（2）以宰予、冉求、曾参、子张为代表，褒贬参差。子路、子贡挨骂最多，却是夫子最疼爱的弟子。

四、颜回是孔门杰出弟子，可惜在《论语》除本章外，仅在《公冶长》篇讲了“愿无伐善（不矜夸自己），无施劳”（不夸大自己功劳）七个字。他形容夫子似神龙，不知其首在何处，尾在何方？据此推理，似未得夫子真传。

拾遗

班固曰："孔子没（殁）而微言绝，七十子丧而大义乖（各得夫子一体）。故《春秋》分为五，《诗》分为四；《易》有数家之传；战国从（纵）衡（横），真伪分争，诸子之言纷然殽（杂）乱。"[①]

没有一位弟子承袭了夫子全部思想遗产，是中国，亦是人类的大不幸，孔子思想已随其身躯入土永埋九泉。

《论语》本是一部孔子从生活提炼出来的庸言庸行，并以此指引人类走向世界大同的北辰。我们能做的唯有群策群力，拼凑出孔子思想原貌，让他复活。

① 《汉书·艺文志》

第三章　孔子思想浩劫之一：焚书坑儒

季康子问政于孔子曰："如杀无道，以就有道，何如？"孔子对曰："子为政，焉用杀？子欲善而民善矣！君子之德，风；小人之德，草；草上之风，必偃。"（《论语·颜渊》）

译文

季康子向孔子请教为政之道，说："如果杀掉坏人，使别人因惧怕受罚而学好，你认为如何？"孔子说："你治理国政，何必要用严刑峻法对待百姓呢？你以身作则向善，百姓自然跟着向善！在上位的人，言行像风；在下位的百姓，言行像草；风拂在草上，草就会跟着风吹的方向倾倒。"

臆解

儒，德；法，刑。中国历史盛衰分水岭。

相关资料

一、吕不韦者，阳翟大贾人也。往来贩贱卖贵，家累千金。子楚，秦诸庶孽孙，质于诸侯，车乘进用不饶，居处困，不得意。吕不韦贾邯郸，见而怜之，曰“此奇货可居”。

吕不韦乃乃五百金与子楚……而皆以其物献华阳夫人……

取吕布韦邯郸诸姬绝好善舞者与居，知有身（孕）。子楚从不韦饮，见而说之……乃遂献其姬，至大期时，生子政（即秦始皇）。子楚遂立姬为夫人。

秦王立一年，薨，谥为孝文王太子子楚代立，是为庄襄王……以吕不韦为丞相，封为文信侯，食河南雒阳十万户。

庄襄王即位三年，薨，太子政立为王，尊吕不韦为相国，号称“仲父”。秦王年少（13岁），太后时时窃私通吕不韦。不韦家僮万人。

始皇帝益壮，太后淫不止。

秦王十年（23岁）十月，免相国吕不韦……

岁余，诸侯宾客使者相望于道，请文信侯。秦王恐其为变，乃赐文信侯书曰：“君何功于秦？秦封君河南，食十万户。君何亲于秦？号称仲父。其与家属徙处蜀！”吕不韦自度稍侵，恐诛，乃饮鸩而死。[①]

二、秦始皇帝者，秦庄襄王子也。庄襄王为秦质子于赵，见吕不韦姬，悦而取之，生始皇。

年十三岁，庄襄王死，政代立为秦王……吕不韦为相……李斯为舍人，蒙骜、王齮、麃公等为将军。

秦初并天下，……“朕为始皇帝，后世以计数，二世、三世至于万世，传之无穷”。

始皇置酒咸阳宫，……丞相李斯曰：“……史官非秦记皆烧之，非博士官所职，天下敢有藏《诗》、《书》、百家语者，悉诣守、尉杂

① 《史记·吕不韦列传》

烧之。有敢偶语《诗》《书》者弃市（发现即立处死刑），以古非今者族（一人犯罪，全族皆杀）。吏见知不举者与同罪。令下三十日不烧，黥为城旦（刺字，发配边疆修长城）。所不去者，医药卜筮种树之书。若欲有学法令，以吏为师。”

始皇长子扶苏谏曰：“天下初定，远方黔首未集，诸生皆诵法孔子，今上皆重法绳之，臣恐天下不安，惟上察之。始皇怒，使扶苏北监蒙恬于上郡。”

三十七年，死于沙丘。三年后，汉兴秦亡。

三、司马迁曰：“秦王怀贪鄙之心，行自奋之智，不信功臣，不亲士民，废王道，立私权，禁文书而酷刑法，先诈力而后仁义，以暴虐为天下始。”①

解析

孔子曰：“君子（智者）有九思：视思明……疑思问……”（《论语·季氏》）

视，思明，才能在《史记》（秦始皇本纪、吕不韦列传）看到轻重本末。疑，思问，才能问出潜沉在吕不韦、爱姬（后来的秦太后）、秦始皇彼此之间错综复杂的暧昧关系，梳理出嬴政成年后为何犯了反人性、反文化、反孔子、反社会的逆天大祸？

吕不韦，发现“奇货可居”，能获暴利。于是，送艳姬，贿珍宝，扶嬴政坐上皇帝宝座。不知已犯“富与贵，是人之所欲也；不以其道得之，不处也”（《论语·里仁》）之病。最后落得人财两空，被迫饮鸩横死下场。

---

①　《史记·秦始皇本纪》

嬴政，不幸生长在一个畸形家庭。儿时，目睹母亲不守妇道，先与吕不韦私通，后与嫪毐苟合。更有甚者，父王（即庄襄王应不知己乃秦始皇假父）逝世于春秋鼎盛之年。《史记》没有交代死因，以他的聪明、早熟，应知父王死因可疑。只因年幼，无能处理，唯有隐藏于心，似闷烧火山，待时爆发。

20岁成年，权力初握，先诛嫪毐家族，次迫吕不韦自尽。孔子特别赞颜回“不迁怒”（《论语·雍也》），似隐示人性皆有或强或弱的“迁怒”劣质？以之观嬴政“迁怒”之强，骇人听闻，不论是儒家文化典籍，孔子言行录、诸子百家、社会风俗习惯，乃至人伦纲常，都成了他迁怒的对象。于是，我们看到在思想上他将孔子皆弦歌的《诗经》、著作的《春秋》《礼》《乐》《论语》，以及孔子散存在民间载有他的箴言、谶言、哲言、行谊皆化为灰烬，并坑杀儒生460余人。在物质上搜括民财，供其穷奢极欲。铸金人，建甬道、驰道、长城、阿房宫，并强征数十万人民，伐木运石为其预建九泉冥宫。

拾遗

一、吕不韦居心叵测，将怀有自己骨肉的爱姬送与子楚为妻，生下秦始皇，仍肆无忌惮与爱姬保持苟且关系，应是促成后来嬴政焚书坑儒，毁灭中华文化，穷奢极欲的元凶。

二、幼有特殊际遇，会深藏在一个人的心底，成为一生挥之不去的阴云。我即是其中之一。我出生在1931年日寇侵华发动“九一八事变”前一年的重庆市。几年后，寇机袭渝，沐身腥风血雨，造成我的家毁亲亡。短短数年，目睹祖父、大伯、父母、两个幼弟相继死于战祸，致晚睡眠，常被噩梦吓醒；为躲警报，到乡村临时小学读书，曾遭恶犬追过、吼过、咬过。凝结成三团阴影占据心底：怕鬼、怕狗、恨日寇，如影附形，伴我一生。以我之鉴，以观嬴政，是否亦因他儿时特殊际遇，成了独裁皇帝后，焚书坑儒，刑杀为威，盛营宫阙，穷极奢侈，横征苛役，便成了他的泄恨闸口？

第四章　卖儒求富贵的叔孙通

子曰："巧言、令色、足恭，左丘明耻之，丘亦耻之。"（《论语·公冶长》）

译文

孔子说："花言巧语、讨好谄媚，过分卑躬，左丘明认为这种人可耻，我也认为可耻。"

臆解

不知防范巧言的人，不是盲人，就是愚人。

相关资料

叔孙通者，薛人也。秦时以文学征，待诏博士。数岁，陈胜起山东，使者以闻，二世召博士诸儒生问曰："楚戍卒攻蕲入陈，于公如何？"博士诸生三十余人前曰："人臣无将，将即反，罪死无赦。愿陛下急发兵击之。"二世怒，作色。叔孙通前曰："诸生言皆非也。夫天下合为一家，毁郡县城，铄其兵，示天下不复用。且明主在其上，法令具于下，使人人奉职，四方辐辏，安敢有反者！此特群盗鼠窃狗盗耳，何足置之齿牙间。郡守尉今捕论，何足忧。”二世喜曰：“善。”尽问诸生，诸生或言反，或言盗……乃赐叔孙通帛二十匹，衣一袭，拜为博士。叔孙通已出宫，反舍，诸生曰：“先生何言之谀也？”通曰：“公不知也，我几不脱于虎口！”乃亡去，之薛，薛已降楚矣。及项梁之薛，叔孙通从之。败于定陶，从怀王。怀王为义帝，徙长沙，叔孙通留事项王。汉二年，汉王从五诸侯入彭城，叔孙通降汉王。汉王败而西，因竟从汉。

叔孙通儒服，汉王憎之；乃变其服，服短衣，楚制，汉王喜。

叔孙通之降汉，从儒生弟子百余人，然通无所言进，专言诸故群盗壮士进之。弟子皆窃骂曰：“事先生数岁，幸得从降汉。今不能进臣等，专言大猾，何也？”叔孙通闻之，乃谓曰：“汉王方蒙矢石争天下，诸生宁能斗乎？故先言斩将搴旗之士。诸生且待我，我不忘矣。”汉王拜叔孙通为博士，号稷嗣君。

汉五年，已并天下，……高帝悉去秦苛仪法，为简易。群臣饮酒争功，醉或妄呼，拔剑击柱，高帝患之。叔孙通知上益厌之也，说上曰：“夫儒者难与进取，可与守成。臣愿征鲁诸生，与臣弟子共起朝仪。”……

于是叔孙通使征鲁诸生三十余人。鲁有两生不肯行，曰：“公所事者且十主，皆面谀以得亲贵。今天下初定，死者未葬，伤者未起，又欲起礼乐。礼乐所由起，积德百年而后可兴也。吾不忍为公所为。公所为不合古，吾不行。公往矣，无污我！”叔孙通笑曰：“若真鄙儒也，不知时变。”

……

汉七年，长乐宫成，诸侯群臣皆朝十月。仪：先平明，谒者治礼，引以次入殿门，廷中陈车骑步卒卫宫，设兵张旗志。传言“趋”。殿下郎中侠陛，陛数百人。功臣列侯诸将军军吏以次陈西方，东乡；文官丞相以下陈东方，西乡。大行设九宾，胪传。于是皇帝辇出房，百官执职传警，引诸侯王以下至吏六百石以次奉贺。自诸侯王以下莫不振恐肃敬。至礼毕，复置法酒。诸侍坐殿上皆伏抑首，以尊卑次起上寿。觞九行，谒者言“罢酒”。御史执法，举不如仪者辄引去。竟朝置酒，无敢喧哗失礼者。于是高帝曰：“吾乃今日知为皇帝之贵也。”乃拜叔孙通为太常，赐金五百斤。[①]

解析

在山泉水清，出山泉水浊。

谈《论语》《孔子家语》《史记》等书，孔子弟子虽因资质而有不同表现，却都恪守夫子教诲，在“君子儒”范畴内活动，始终如一，如颜回、闵子骞、仲弓、子路、子贡、有若、宓子贱、曾参等皆是。

从孔子开始，中华文化沿历史长河流了两百多年，流到秦末汉初，此时的儒家已予人迥然不同形象，泉水变浊。代表人物就是被人称为“谀儒”的叔孙通。特征：巧言，令色，足恭，善变。

在《史记·刘敬叔孙通列传》里的“辄引去”三个字，文义暧昧，我从它上下文联想，是否意谓在朝仪行进中，如有官员不受约束，或嬉戏敷衍，则由掌管法纪的御史依朝规惩罚，轻者免官，重者斩首，以一警百，并彰显皇帝之威？踌躇满志的刘邦，脱口“吾乃今日知为皇帝之贵也”。龙心大悦，重赏叔孙通。不幸的是，为后来儒者留下许多如何攫取荣华富贵的旁门左道伎俩。

---

① 《史记·刘敬叔孙通列传》

从此，儒家由清变浊，乃有后来社会地位成了谢枋得笔下“一官二吏先诸贵之也；七匠八娼，九儒十丐，后之者贱之也”的贱民。

孔子受池鱼之殃，“万世师表”的至尊形象在百姓心中打了折扣。

代表孔子易知，易行，益己亦益人的人类第一奇书《论语》，被后来迂儒、谀儒、贱儒，弄得支离破碎，面目全非，成了让人看不懂的天书。

叔孙通评儒家“难与进取，可与守成”不正应验了子贡评叔孙武叔“多见其不知量”(《论语·子张》)的预言?

拾遗

一粒老鼠屎，坏了一锅粥，叔孙通便是儒家粥里的一粒老鼠屎。

叔孙通利用孔子“礼乐”把皇帝推入云端，为自己升官发财，亦为后来读书人在通往孔子之路前，筑起一座攀不过的高墙。

第五章　孔子思想浩劫之二：董仲舒闭门造车

偏离“中庸”的“三纲”

齐景公问政于孔子，孔子对曰：“君君、臣臣、父父、子子。”公曰：“善哉！信如君不君，臣不臣、父不父、子不子，虽有粟，吾得而食诸？”（《论语·颜渊》）

译文

齐景公向孔子请教治国根本之道。孔子说：“（各尽其分）国君像个国君，部属像个部属，父像个父，子像个子。”景公说：“对极了！假如国君不像国君（无礼），部属不像部属（不忠），即使有再好的珍馐，也会因伦理失常而导致社会动乱甚至灭亡，我还能享受得到吗？”

臆解

孔子的民主互敬思想被董仲舒弄砸了。

相关资料

一、"礼（理）尚往来，往而不来，非礼也；来而不往，亦非礼也。"①

二、孔子为鲁大司寇，有父子讼者，夫子同狴执之，三月不别。其父请止，夫子赦之焉。

季孙闻之不悦，曰："司寇欺余，曩告余曰：国家必先以孝；余今戮一不孝以教民孝，不亦可乎？而又赦，何哉？"冉有以告孔子。子喟然叹曰："呜呼！上失其道而杀其下，非理也。不教以孝，而听其狱，是杀不辜。"②

三、晏子侍于景公，朝寒。公曰："请进暖食。"晏子对曰："婴非君奉馈之臣也，敢辞。"公曰："请进服裘。"对曰："婴非君茵席之臣也，敢辞。"公曰："然夫子之于寡人何为者也？"对曰："婴，社稷之臣也。"公曰："何谓社稷之臣？"对曰："夫社稷之臣，能立社稷，别上下之义，使当其理；制百官之序，使得其宜；作为辞令，可分布于四方。"自是之后，君不以礼不见晏子。③

四、董仲舒，广川人也。以治《春秋》，孝景时为博士。下帷讲诵，弟子传以久次相受业，或莫见其面，盖三年董仲舒不观于舍园，其精如此。进退容止，非礼不行，学士皆师尊之。今上即位，为江都相。以《春秋》灾异之变推阴阳所以错行。故求雨闭诸阳，纵诸阴，其止雨反是。行之一国，未尝不得所欲。中废为中大夫，居舍，著《灾异之记》。是时辽东高庙灾，主父偃疾之，取其书奏之天子。天子召诸生示其书，有刺讥。董仲舒弟子吕步舒不知其师书，以为下愚。于是

---

① 《礼记·曲礼上》
② 《孔子家语·始诛第二》
③ 《晏子春秋·内篇杂上第五》

下董仲舒吏，当死，诏赦之。于是董仲舒竟不敢复言灾异。

董仲舒为人廉直。是时方外攘四夷，公孙弘治《春秋》不如董仲舒，而弘希世用事，位至公卿。董仲舒以弘为从谀，弘疾之，乃言上曰："'独董仲舒可使相胶西王。'胶西王素闻董仲舒有行，亦善待之。董仲舒恐久获罪，疾免居家。至卒，终不治产业，以修学著书为事。故汉兴至于五世之间，唯董仲舒名为明于《春秋》，其传公羊氏也。"①

五、在董仲舒"天人合一"的思想体系里，"天"的本质决定人的本质，"天"的意志主宰人类社会……他通过神秘化的阴阳五行学说来说明"三纲五常"是"出于天"。他断定阴阳之间的关系是"阳尊阴贱"，因而"君为臣纲，父为子纲，夫为妻纲"是永恒不变的天意，这就叫作王道之三纲，可求之于天……所以，"三纲"的中心要求是把孝和忠绝对化……是天之经，地之义……在先秦某些思想家的著作中虽然强调孝和忠，但还有"父慈子孝""君惠臣忠"的提法，君父与臣子间的义务是相互对待的。董仲舒的"三纲"思想把臣、子的义务绝对化，君、父对臣、子却不承担任何道德的责任……②

六、太宗曰："魏徵往者实我所仇，但其尽心所事，有足嘉者。朕能擢而用之，何惭古烈？然徵每犯颜切谏，不许我为非，我所以重之也。"魏徵再拜曰："陛下导臣使言，臣所以敢言，若陛下不受臣言，臣亦何敢犯龙鳞，触忌讳也……"③

解析

"五伦"：君（领导）臣（部属）、父子、夫妇、兄弟、朋友，是

---

① 《史记·儒林列传》

② 张岂之主编：《中国思想史》卷二第二章，台湾水牛出版社 1992 年版。

③ 《贞观政要·论任贤》

构成人类社会五大主干。主干和，社会兴；反之，乱。

卫灵公问政，孔子以“君君，臣臣；父父，子子（类推及夫妇、兄弟、朋友）”答。弦外之音，鲁国“五伦”出了问题。

孔子讲“礼”，君必待臣以礼，然后，才有臣事君以忠回应。父必待子以慈，然后，才有子以孝回应。资料一至三，即以理论（礼尚往来）、生活故事（父子争讼、晏子与齐景公对话）印证五伦互动是否平衡，决定社会兴衰。

孟子曰：“尽信《书》，则不如无《书》。吾于《武成》(《周书》篇名)，取二三策（竹简）而已矣。”[①]读司马迁论董仲舒，褒多贬少，并避谈他倡“三纲”对后来政治、伦理的负面深远影响，耐人寻味。

《中国思想史》点出“三纲”之弊：君、父对臣、子的绝对权威化，却不承担任何道德乃至法律责任的荒谬，因而造成多少忠臣、烈士、孝子、贞女冤死，谁该负责？唐太宗与魏徵对话，即在应验孔子的话，必先有“君使臣以礼”才有“臣事君以忠”的风行草偃。

拾遗

西风东渐，我国承袭的愚忠，愚孝，愚贞，似已式微，代之而起是不礼、不忠、不慈、不孝，乃至弑上（亲），却时有听闻，皆悖孔子不偏不倚“中庸”之道。

在《论衡·实知》记载以下一段话，让人玩味：“孔子将死，遗谶书曰：‘不知何一男子，自谓秦始皇，上我之堂，踞我之床，颠倒我衣裳，至沙丘而亡。’又曰：‘董仲舒乱我书（意谓扭曲我的思想误导后人）。’”

---

① 《孟子·尽心下》

第六章　孔子思想浩劫之三：赵匡胤“重文轻武”从此中华少男儿

孔子摄相事，曰：“臣闻有文事者必有武备，有武事者必有文备。”（《史记·孔子世家》）

译文

鲁国被齐国强邀峡谷之会。孔子代相位率文武官员前往。对鲁定公说：“参与国际政治会议，应文武兼备，才能保护国家不受伤害。”

臆解

“不偏不倚谓之中。”

相关资料

一、子以四教：文（礼、乐、书、教）、行（射、御）、忠（做事专心）、信（做人诚信）。（《论语·述而》）

二、子曰：“以不教民战，是谓弃之。”（《论语·子路》）

三、子之所慎：齐（斋）（祭子祀）、战（战争）、疾（疾病）。（《论语·述而》）

四、季康子曰："子之军旅，学之乎？性之乎？"冉有曰："学之于孔子。"[①]

五、（齐、鲁）战于郎（地）。公叔禺人（鲁国王子）遇负杖（武器）入保者息曰："使之虽病也，任之虽重也，君子不能为谋也，士弗能死也，不可！我则既言之矣。"与其邻重汪踦往，皆死焉。鲁人欲勿殇重汪踦，问于仲尼。仲尼曰："能执干戈以卫社稷，虽欲勿殇也，不亦可否！"[②]

六、子曰："中庸之为德也，其至矣乎！民鲜久矣。"（《论语·雍也》）

七、赵匡胤，杯酒释兵权推行重文轻武，为理学开山辟路

（赵匡胤）召守信等饮，酒酣，屏左右谓曰："我非尔曹力，不及此。然天子亦大艰难，殊不若为节度使之乐，吾终夕未尝高枕卧也。"守信等请其故，帝曰："是不难知，居此位者，谁不欲为之！"守信等顿首曰："陛下何为出此言？今天下已定，谁敢复有异心！"帝曰："卿等固然，设麾下有欲富贵者，一旦以黄袍加汝身，汝虽欲不为，其可得乎？"守信等顿首涕泣曰："臣等愚，不及此，惟陛下哀矜，指示可生之途。"帝曰："人生如白驹过隙，所为好富贵者，不过欲多积金钱，厚自娱乐，使子孙无贫乏耳。卿等何不释去兵权，出守大藩，择便好田宅市之，为子孙立永远之业，多致歌儿舞女，日饮酒相欢，以终其天年！朕且与卿等约为婚姻，君臣之间，两无猜疑，上下相安，不亦善乎！"皆拜谢曰："陛下念臣等至此，所谓生死而肉骨

① 《史记·孔子世家》
② 《礼记·檀弓下》

也。”明日，皆称疾请罢。帝从之，赏赉甚厚。[1]

八、欧阳修、司马光“酷理”杀人

欧阳修论曰：“礼义廉耻，国之四维；四维不张，国乃灭亡。”礼义，治人之大法；廉耻，立人之大节。况为大臣而无廉耻，天下其有不乱，国家其有不亡者乎！予读冯道《长乐老叙》，见其自述以为荣，其可谓无廉耻者矣，则天下国家可从而知也。

……

予尝闻五代时有王凝者，家青、齐之间，为虢州司户参军，以疾卒于官。凝家素贫，一子尚幼，妻李氏，携其子，负其遗骸以归，东过开封，止于旅舍，主人不纳。李氏顾天已暮，不肯去，主人牵其臂而出之。李氏仰天恸曰：“我为妇人，不能守节，而此手为人所执邪！”即引斧自断其臂，见者为之嗟泣。开封尹闻之，白其事于朝，厚恤李氏而笞其主人。呜呼！士不自爱其身而忍耻以偷生者，闻李氏之风，宜少知愧哉！

臣光曰：天地设位，圣人则之，以制礼立法，内有夫妇，外有君臣。妇之从夫，终身不改；臣之事君，有死无贰；此人道之人伦也。苟或废之，乱莫大焉！范质称冯道厚德稽古，宏才伟量，虽朝代迁贸，人无间言，屹若巨山，不可转也。臣愚以为正女不从二夫，忠臣不事二君。为女不正，虽复华色之美，织纴之巧，不足贤矣；为臣不忠，虽复才智之多，治行之优，不足贵矣。何则？大节已亏故也。道之为相，历五朝、八姓，若逆旅之视过客，朝为仇敌，暮为君臣，易面变辞，曾无愧怍，大节如此，虽有小善，庸足称乎！[2]

九、宋真宗用名利色引诱天下才俊入彀中

① 《续资治通鉴》（宋纪二·太祖二年）
② 《资治通鉴》（后周纪二·太祖显德元年）

富家不用买良田，书中自有千钟粟；安居不用架高楼，书中自有黄金屋；娶妻莫恨无良媒，书中自有颜如玉；出门莫恨无人随，书中车马多如簇；男儿欲遂平生志，五经勤向窗前读。[①]

十、颜习斋对宋明理学由褒到贬历程

颜元，河北博野县人。生明崇祯八年，卒清康熙四十三年，年七十……先生居朱媪（非亲生祖母）丧，时年三十四，守《朱子家礼》惟谨。……既觉其过抑情，校以古礼，非是。自是遂悟静坐读书乃程、朱、陆、王为禅学俗学所浸淫，非正务。周公之六德、六行、六艺，孔子之四教（文行忠信），乃正学也。于是著《存学》《存性》《存治》《存人》四编以立教，名其居曰习斋。

习斋，北方之学者也，早年为学，亦尝出入程、朱、陆、王，笃信力行者有年，一日幡然醒悟，乃并宋明相传六百年理学，一壁推翻，其气魄之深沉，识解之毅决，盖有非南方学者如梨洲、船山、亭林诸人所及者。

据《年谱》习斋五十八岁告李塨云：

予未南游时，尚有将就程朱，附之圣门支派之意。自一南游，见人人禅子，家家虚文，直与孔门敌对。必破一分程朱，始入一分孔孟，乃定以为孔孟、程朱，判然两途，不愿作道统中乡愿矣。其斩截痛快如此。

又尝《与桐乡钱晓城书》谓：

仆尝有言，训诂、清谈、禅宗、乡愿，有一皆足以惑世诬民，而宋人兼之，乌得不晦圣道误苍生至此也！仆窃谓其祸甚于杨墨，烈于嬴秦。每一念及，辄为太息流涕，甚则痛哭！

---

① 宋真宗：《励学篇》

朱子论学，只是论读书。千余年来，率天下人入故纸中，耗尽身心气力，作弱人、病人、无用人者，皆晦庵为之也。

尝谓："朱子教人半日静坐，半日读书，无异于半日当和尚，半日当汉儒。试问一日十二时，那一刻是尧、舜、周、孔？"

谓：朱子重文轻武，……其遗风至今日，衣冠之士，羞与武夫齿；秀才挟弓矢出，乡人皆惊；甚至子弟骑射武装，父兄便以不才目之。长此不返，四海溃弱，何有已时乎！

又谓：宋、元来儒者，却习成妇女态，甚可羞。无事袖手谈心性，临危一死报君王，即为上品矣。

白面书生，微独无经天纬地之略，礼乐兵农之才，率柔脆如妇人女子，求一腹豪爽倜傥之气亦无之。

宋儒主理在事先，故重理而轻事；习斋主理由事见，故即事以明理。……孔子则只教人习事，迨见理于事，则已彻上彻下矣。此孔子之学与程朱之学所由分也。[①]

解析

本章主题：为政，秉中庸之道，文事、武备并重。孔子一句"有文事必有武备"，为后来执政者提供两条并行不悖，互为依恃的基线。以此印证秦、汉、唐、宋、元、明、清，遵之则兴，逆之则亡。

一、有人评今天学校教育："有教无育"，意谓今天教学偏重坐而念书、考试，不能将知识与生活合而为一。回头看孔子"四教"，有文化、知识；也有强健体格的锻炼，和与己、人和谐相处的智德，两相比较，似乎今人教育偏离孔子重均衡教育甚远。

---

① 钱穆：《近三百年学术史》

二、教民战，少了德、艺，都是孔子讲的“是谓弃之”。

三、在春秋时代，齐（斋）（文）、战（武）、疾（健康），是当时为政者必须重视会影响国家安危的三件大事。怎样做，孔子提供了方式：“必也临事而惧，好谋而成者也。”（《论语·述而》）几千年的专制朝代兴亡、盛衰、交替，便是殷鉴。

四、冉求参与鲁、齐之战，大胜。季康子好奇，问学自何人？以学自孔子答。引出两个问题：①确定孔子为政采文武并重。同时，并为我们见吴道子画孔子像，腰间佩的究竟是剑？鞭？找到合理解释：在杏坛用教鞭，出外则佩剑防身。②自夸，难让人信服。由弟子（部属）在外歌颂老师（长官），似箭中靶心，旁观者心悦诚服。

五、从孔子对汪踦赞许，似是孔子借此勉励后人，人人皆有保国卫民责任。为何到了汉朝以后，国人对保卫国家的情操因何转移到效忠皇帝老儿而逐渐消失？单看近百年来，凡逢外国侵略我国，爱国志士固然很多，但为一己之私出卖自己的国家，当汉奸、鹰犬亦不少。为何如此，罪过在孔子？皇帝老儿、谀儒？唯智者会找到答案。

六、子程子曰：“不偏（像经纬仪的水平气泡，使用前必须将它调整到中间，显示机器处在平衡状态，用来测量天体、地形，才能精确无误）之谓中，不易（天有天理，人有人理，恒久不变）之谓庸；中者天下之正道，庸者天下之定理。”（《论语·中庸》）

如何将“中庸”与我们生活融合，才是孔子以之教人的初衷。人，每天要与己、人、事、物相处，都能做到恰好，就是中庸。

国家政务亦如是：重“文”，人民才有快乐幸福可言；重武，外敌入侵，才有执干戈以卫社稷的武士保护。

董仲舒倡“三纲”，以君、父、夫为（上）纲，是“过之”；以臣、子、妻为（下）目是不及。致中华民族踽踽独行，尤其自宋以后，每况愈下，人人成了病夫！

七、赵匡胤，心机深沉，甫登帝位，见利思危，杯酒释兵权。先解卧榻之患。继之，行贱武重文政策，从此中华民族少男儿，以至民初。谓之造成中华民族积弱的罪魁祸首，不为过。我们只要看“书生”在舞台上嗲声嗲气，摇头摆尾模样，就知谁是始作俑者。

八、欧阳修是“唐宋八大家”之一；司马光著《资治通鉴》，都是我国文学著名人物，文章光彩夺目，可惜受了“三纲”的毒：理味太浓，人味又过淡，因而少了点仁心。像《孔雀东南飞》里焦仲卿的母亲，或《白蛇传》里的法海和尚。他们以“笔”不知杀了多少忠臣、烈士、贞女。

九、宋真宗《励志诗》应改称《亡中华民族诗》，或《亡孔子思想诗》方名副其实。从诗里看到宋为何亡于元，明为何亡于清的祸根。

重温“子以四教，文、行、忠、信”（《论语·述而》），更悟孔子思想似日月永耀大地。

十、孔子殁，其思想经嬴政焚书坑儒；董仲舒偏倚“三纲”，赵匡胤重文贱武，而有坐而论道的理学兴。理学，像唐三藏欲到西方取经，少了孙悟空（情），猪八戒（欲）的协助必然寸步难行。

颜元先宗朱学，直到祖母逝世，遵循朱子家礼“守丧”，吃尽苦头。一梦醒来，再拿孔学与朱学比较，方知孔学与程朱之学判然两途。乃有“必破一分程朱，始入一分孔孟”。对我晚年专宗“在山泉水清”的孔学得到鼓舞。还孔子本来模样，便成了我终身追求的梦。

拾遗

子曰：“君子（领导、家长、教师）之德（为政之道）风；小人（部属、儿女、学生）之德（感受）草；草上之风（上行下效）必偃。”（《论

语·颜渊》）

宋朝开国皇帝赵匡胤惧武人危其江山，采重文贱武政策，风行天下。上好文，下必有甚焉，坐而论道理学兴。上厌武，民以当兵为耻。武偃，国衰，民弱。以致北宋、南宋三百年江山受外族凌辱，从未稍息。最后亡于人口、土地皆少宋朝若干倍的蒙古。随风而下，不论元、明、清，至民国，莫不在国弱兵贱，歪歪倒倒走到二十世纪中叶以后，才略有改善。回忆儿时社会灌进耳朵“好男不当兵，好铁不打钉”的风言，想日寇侵华初期狂言“三月亡华”，有刻骨铭心之痛。孰令致之？

第七章　孔子思想浩劫之四：八股文，读书人的鸦片

一、子曰："民可使由之，不可使知之。"（《论语·泰伯》）

二、子曰："民可，使由之；不可，使知之。"

译文

一、孔子说："言民之文明程度已可者，则使之自由；其未可者，则先使之开其智也。夫民未知而使之自由，必不能善其后矣。使知之者，正使其由不可而进于可也。"

二、孔子说："在上者：指导民众，有时只可使民众由我所指导而行，不可使民众尽知我所指导之用意所在。"

臆解

标点标对了，孔子是民主先行者；标错地方，便成了愚民的政治祸首。

相关资料

一、子以四教：文、行、忠、信。（《论语·述而》）

二、德行：颜渊，闵子骞，冉伯牛，仲弓，言语：宰我，子贡；政事：冉有，季路；文学：子游，子夏。（《论语·先进》）

三、颜渊、季路侍。子曰："盍各言尔志？"

子路曰："愿车马衣裘，与朋友共，敝之而无憾。"

颜渊曰："愿无伐善，无施劳。"

子路曰："愿闻子之志？"

子曰："老者安之，朋友信之，少者怀之。"（《论语·公冶长》）

四、子张学干禄。子曰："多闻阙疑，慎言其余，则寡尤；多见阙殆，慎行其余，则寡悔。言寡尤，行寡悔，禄在其中矣。"（《论语·为政》）

五、《儒林外史》摘要

第三回，那童生道："诗词歌赋都会，求大老爷出题面试。"学道变了脸道："当今天子重文章，足下何须讲汉唐？像你做童生的人，只该用心做文章，那些杂览，学他做甚么！况且本道奉旨到此衡文，难道是来此同你谈杂学的么？看你这样务名而不务实，那正务自然荒废，都是些粗心浮气的说话，看不得了。左右的！赶了出去。"

第二十五回，那倪老爹叹了一口气道："长兄，告诉不得你，我从二十岁上进学，到而今做了三十七年的秀才，就坏在读了这几句死书，拿不得轻，负不得重，一日穷似一日，儿女又多，只得借这手艺（修补乐器）糊口，原是没奈何的事。"

第二十六回，向知府道："而今的人，可谓江河日下，这些中进士、做翰林的，和他说到传道穷经，他便说迂而无当；和他说到通古博今，他便说杂而不精。究竟事君交友的所在，全然看不得！不如我这个鲍朋友，他虽生意是贱业（梨园唱戏），倒颇多君子之行。”

第四十九回，万中书道：“老先生的元作（考试得中第一名的文卷），敝省的人，个个都揣摩烂了。”高翰林说：“老先生，‘揣摩’二字，就是这举业的金针了。小弟乡试的那三篇拙作，没有一句话是杜撰，字字都是有来历的，所以才得侥幸。若不是知道揣摩，就是圣人也是不中的。”……武正字道：“近来这些做举业的，泥定了朱注，越讲越不明白。四五年前，天长杜少卿先生纂了一部《诗说》，引了些汉儒的说话，朋友们就都当作新闻。可见学问两个字，如今是不必讲的了！”迟衡山道：“这都是一偏的话，依小弟看来，讲学问的只讲学问，不必问功名；讲功名的只讲功名，不必问学问。若是两样都要讲，弄到后来，一样也做不成！”

六、《中国文学发展史》第三十一章摘要

吴敬梓最反对的，是八股文的考试制度。他觉得八股文试帖诗，绝不是选考人才的办法，只是皇帝的愚民政策，政府困死人才的毒计。但数世纪来，科举制度，不仅是一种朝廷的盛典，社会人民都把它看作是无上的光荣，深深地统治我国全民众的心理。只有进学中举会点翰林，才是人生理想的教育制度，才是升官发财的捷径。否则你只有穷死贱死，谁也瞧不起你。所以《在儒林外史》中的马二先生半认真半嘲笑的态度说：

“举业二字，是从古及今人人必要做的。就如孔子生在春秋时候，那时用‘言扬行举’做官，故孔子只讲得个‘言寡尤，行寡悔，禄在其中’，这便是孔子的举业。讲到战国时，以游说做官，所以孟子历说齐、梁，这便是孟子的举业。到汉朝，用‘贤良方正’开科，所以公孙弘、董仲舒举贤良方正，这便是汉人的举业。到唐朝，用诗赋取士，他们若讲孔孟的话，就没有官做了，所以唐人都会作几句诗，这便是唐人的举业。到宋朝又好了，都用的是些理学的人做官，所以程、朱就讲理学，这便是宋人的举业。到本朝用文章取士，这是极好的法则。就是夫子在而今，也要念文章、做举业，断不讲那‘言寡尤，行寡悔’的话。何也？就日日讲究‘言寡尤、行寡悔’，那个给你官做？孔子的道也就不行了。”（《儒林外史》第十三回）

这段文字，表面是推崇举业，其实却是攻击举业，这便是吴敬梓讽世文学的好成绩。他因为痛恨这种恶制度，因此他决心不从科举里求功名，朋友中会作八股文试帖诗的，他就讨厌。程晋芳说他：“嫉时文士如仇，其尤工者则尤嫉之。”但是当日的知识人士，如何能了解他这种思想。十岁左右的小孩子以至六十岁的老头子，无时无刻不将全部精力放在举业上，他慨叹地说：“如何父师训，专储制举材？”他是要提倡青年研究真学问，造就真人才，在《儒林外史》的卷首，他借着有学问有品格的王冕，作为人生的理想，再借着他的口，说出自己的意见来。“此一条之后，便是礼部议定取士之法。三年一科，用五经、四书、八股文。王冕指与秦老看，道：‘这个法却定的不好！将来读书人既有此一条荣身之路，把那文行出处都看轻了。’”因此，他在书中尽是暴露那些八股先生的丑态以及人们对于科举功名的虚荣与艳羡的心理。这一点，吴敬梓是大大地成功了。

解析

读古书最怕出现与孔子原意相左的标点。将钱穆、梁任公不同标点并列，以梁说较符孔子原意，否则孔子便是愚民政治的始作甬者。

一、孔子“四教”是培养一个君子所需的“智、品、行”文武合一的完整教育。

周游台湾六所中学集多年见闻，与孔子“四教”比较，相去甚远。

今人偏重“坐言”而弱于“行品”。

二、孔子因材施教的教育思想，自汉以后，已被一些皇帝老儿倾倒的污泥、秽物堵塞而干涸了。代孔而兴的便是像喂鸦片，让士子只知死背书，背死书，背到两眼茫茫，两耳嗡嗡，背到国弱民愚。一旦进入考场，如盲人射箭，射中，就是状元；不中，下次再来，死而后已。

王冕在《儒林外史》第一回说：“这个法（八股取士）却定的不好，将来读书人既有此一条荣身之路，把那‘文行’（指孔子‘四教’）出处都看得轻了。”

王冕一针见血，指出：“八股文”危害读书人莫此于甚。而这正是皇帝们麻醉青年的仙丹妙药。

三、子曰：“三军可夺帅也，匹夫不可夺志也。”（《论语·子罕》）孔子弟子三千，志亦三千。乃有子贡、颜回、宓子贱、闵子骞等各创一片天空盛景。宋、元、明、清，四朝近千年读书人何止千万，在皇帝老儿淫威下，不管你的“志”喜欢什么，只能选他钦定的八股文，然后背烂四书、五经（含朱熹集注），进入考场，将四书、五经，不论胡诌、瞎扯，只要合主考官心意，猪羊狗猫，都能跃入龙门，变成皇帝宠儿；国势却日趋衰弱。

四、子张问干禄，夫子因“问”施教，从答复内容，反观孔子之意，担任官吏，要适时约束自己的言行，减少为政错误。人民喜欢你，为政成功了，自己就能得到“仁者先难而后获。”（《论语·雍也》）的报酬。前提是要子张谨言慎行，方有此答。

吴敬梓借马先生之口在《儒林外史》第十三回说“孔子生在春秋时候，……故孔子只讲得个‘言寡尤，行寡悔，禄在其中矣’。”这便是孔子的举业。他显然犯了张冠李戴之病，把子张的问干禄，变成孔子的举业，难道吴敬梓也不了解孔子？

孔子举业，只十二个字，“老者安之，朋友信之，少者怀之”（《论语·公冶长》）古今通用。

五、儿时，家人有出外读书的、工作的，经常留下我一个小孩守家。略识之无，便常到二楼找书为伴。首选《西游记》。些许，是儿性与猴性近，有时，还会持竹棍当金箍棒舞弄，怡然自乐。跟着看《水浒传》《济公传》《七侠五义》……看到《儒林外史》就看不下去了，只有掩书而逃。一掩七十年，到写《真假孔子》，要找相关资料，才继续儿时尚未看完的“耐心”阅读，慢慢“揣摩”出一些从前看不见的一鳞半爪：

1. 看清从前独裁皇帝怎样编织“八股文”，当“紧箍咒”锁死读书人的脑袋，跟在他的后面，鞠躬尽瘁，死而后已。

2. 状元、进士、举人、秀才，都是独裁撒的饵，“八股”是钓竿，千千万万读书人是鱼。吃到饵的先别兴奋，以后稍不留神，连你的祖宗八代都会为你陪葬（诛九族）。没吃到饵的，除了会八股文别无一技之长，就像十五回的倪老爹，或三家村的私塾先生，潦倒一生。

3. 八股文像安眠药，不吃睡不着，吃了任人宰割。

4. 四书、五经，加朱熹集注，“揣摩老先生元作”，几十万字，不仅要背熟，还得在脑袋储存几套揣摩主考官可能出的命题范围。千斤重担扛在肩上，就是我们看到戏台上走起路来东倒西歪，摇摇欲坠的书生。

5.《儒林外史》虽讲儒林故事，却乏孔子大开大阖思想阐述，才有孔子只讲得个“言寡尤，行寡悔，禄在其中，这便是孔子的举业”的“子张冠孔子戴”笑话。没有注意孔子讲话乃针对子张问干禄，夫子知子张有“言大气盛行疏”之短，才以“言寡尤，行寡悔”对答。

吴敬梓借马二先生之口评孔子“举业”，显然他似乎尚在孔门外徘徊。

拾遗

“八股文之害，甚于焚书坑儒”是明末思想家顾炎武的评语，真知灼见。

近几年，大陆在民间兴起办国学班，我有幸或参观、或当听众、或向师生讲学习《论语》心得。

听小朋友朗诵《弟子规》《论语》……人美，音尤美，入耳即化。祝福这些幼苗，在中华文化灌溉里茁壮成长，对外国人不卑不亢，以做中国人为荣。

躺在床上，辗转反侧，想到吴敬梓在《儒林外史》里描写几个成了八股文囚犯的可怜虫；一下又跳到白天听了孩子朗诵经文，余音袅袅。二者互碰，不禁打了一个冷战。孩子背经，博大人喜欢？或是洗心涤肠，心旷神怡，快乐一生？或是重蹈历史覆辙，不辨本末、轻重、是非、对错、善恶、取舍，成了下一批迂儒书生？

第八章　探索《论语》里的赘字、缺字、标点放错、译意模糊、错置、错解

赘字

子曰："吾十有五而志于学，三十而立，四十而不惑，五十而知天命，六十而耳顺，七十而从心所欲，不逾矩。"（《论语·为政》）

钱穆译： 先生说："我十五岁时，始有志于学。到三十岁，能坚定自立了。到四十，我对一切道理，能通达不再有疑惑。到五十，我能知道什么是天命了。到六十，凡我一切听到的，都能明白贯通，不再感到于心有违逆。到七十，我只放任我心所欲，也不会有逾越规矩法度之处了。"（钱穆：《论语新解》）

我试删赘字："耳"。

子曰："吾十有五而志于学，三十而立，四十而不惑，五十而知天命，六十而（ ）顺，七十而从心所欲，不逾矩。"

我试译： 孔子说："我在 15 岁便立志学习自己喜欢的学问；大约到了 30 岁，已奠定了学识基础；大约到了 40 岁，已经有了对己、人、事、物不惑的智慧；大约到了 50 岁，已明白我今生可能出现的

顺逆、得失、明晦；大约到了六十岁，已经可以从无限的时空来看问题，并且‘顺’着自然法则与时进退；大约到了七十岁，纵然任心而动，也逾越不了数十年养成的良好习惯。”（《我与论语》）

以《论语》解《论语》：“六十而（耳）顺”，我怀疑“耳”是弟子在记录时误听的赘字。理由：从“吾十有五而志于学”到“七十而从心所欲，不逾矩”，都是指抽象的心理状态，唯有本句用有形的“耳”表示，不仅不合理，也不符孔子一贯之道。试问“耳”顺了，其他的舌、鼻、眼、触四觉要不要顺？人的根在心，心顺则五觉皆顺。这就是我认为“耳”是赘字的原因。

本节重点在“顺”。《易·说卦》云：“昔者圣人之作《易》也，将以顺性命之理。”如何顺性命之理？孔子所说的“君子之于天下也，无适也，无莫也，义之与比”（《论语·里仁》）与孟子形容孔子的“可以速而速，可以久而久，可以处而处，可以仕而仕”（《孟子·万章下》）就是明确的回答。孔子经过六十年的坎坷岁月，对于人生的得失、利害、顺逆已若浮云，顺来，固然可受；逆来，也可顺化。

缺字

原文：孟武伯问孝。子曰：“父母唯其疾之忧。”（《论语·为政》）

杨伯峻译：孟武伯向孔子请教孝道。孔子道：“做爹娘的只是为孝子的疾病发愁。”（杨伯峻：《论语译注·为政篇第二》）

我试加“事”字：

子曰：“（事）父母，唯其疾之忧。”

我试译：孟武伯问孝道。孔子说：“奉养父母，唯恐他们因年老体衰而多病，常常放在心上担忧。”（《我与论语》）

以《论语》解《论语》：《论语》本章主旨究竟是指父母担忧儿

女疾病，还是子女担心父母健康呢？两千多年来，儒者大多解释成“父母担忧子女生病，所以做子女的要保重身体，使父母不担忧，这样就算孝”。我思索再三，认为这种解释与现实情理不符，必须找一些有力的资料来改错，才有可能找到本章原意：

一、孔子弟子在记录本章时，有没有文字遗漏？《论语》中在“父母”前面加一个动词“事”，出现四次。如“事父母，能竭其力”（《论语·学而》），“事父母几谏”（《论语·里仁》），“入则事父兄”（《论语·子罕》），“迩之事父”（《论语·阳货》），唯本章阙如，似有漏“事”之疑。如是阙文，予以填补，就成了“（事）父母唯其疾之忧”（《论语·为政》）。

二、古代由于医学不发达，营养不良等因素影响，人们的寿命较短。从孔子儿子孔鲤算起，孔子的五代子孙平均年龄为五十岁（《史记·孔子世家》），就说明了这点。

三、父母担心子女生病，是天性；儿女体察父母年迈，担心他们的健康，也是天性。问题在儿子到了什么时间段才具有“知道”父母关心自己健康，而保重自己身体的成熟思想呢？天道好还，父母对儿女健康的关心，却是随着儿女长大成人，自己逐渐衰老多病而递减，成熟的儿女反过来要关心年迈父母的疾病。再佐以“子曰：父母在，不远游，游必有方”（《论语·里仁》），以及“子曰：父母之年，不可不知也；一则以喜，一则以惧”（《论语·里仁》）两章资料，本章真正旨意就浮现出来。

综合以上三项研判，就有了前面的“白话译文”。而晋朝李密的《陈情表》则是一篇将本章精神发挥得淋漓尽致的千古佳文。

标点符号放错（1）

原文：子曰："民可使由之，不可使知之。"

杨伯峻译：孔子说："老百姓，可以使他们照着我们的道路走去，不可以使他们知道那是为什么。"（杨伯峻：《论语译注·泰伯篇第八》）

我试调动标点符号：

子曰："民可，使由之；不可使，知之。"

梁启超译："民之文明程度已可者，则可使之自由；其未可者，则使之先开其智也。"（《饮冰室文集》（卷四·杂著类））

以《论语》解《论语》：

资料 1：孔子为鲁大司寇，有父子讼者，夫子同狴（牢狱。音庇）执之，三月不别（不审问，不判决）。其父请止，夫子赦之焉。

季孙（鲁大夫）闻之不悦，曰："司寇欺余，曩（从前）告余曰：'国家必先以孝'，余今戮一不孝以教民孝，不亦可否？而又赦，何哉？"

冉有以告孔子，子喟然叹曰："呜呼！上失其道而杀其下，非理也。不教以孝而听其狱，是杀不辜。"（《孔子家语·始诛第二》）

资料 2：季康子问："使民敬、忠以劝，如之何？"子曰："临之以庄则敬，孝慈则忠，举善而教不能则劝。"（《论语·为政》）

资料 3：子曰："以不教民战，是谓弃之。"（《论语·子路》）

资料 4：子曰："不教而杀谓之虐。"（《论语·尧曰》）

综合以上资料，知梁氏之解，较符合孔子之意。

标点符号放错（2）

原文：子曰："加我数年，五十以学《易》，可以无大过矣。"（《论

语·述而》)

杨伯峻译： 孔子说："让我多活几年，到五十岁时候去学习《易经》，便可以没有大过错了。"（杨伯峻:《论语译注·述而篇第七》)

我试放一个顿号(五、十之间)：

孔子曰："加我数年，五、十以学《易》，可以无大过矣。"

我试译： 鲁哀公九年，周游列国的孔子，倦鸟知还，萌发回鲁念头。十多年在外风餐露宿，疏食饮水，曲肱而枕，使他的健康受到极大伤害。师生一行走到陈国，已经67岁的夫子病情危急。有天稍愈，对围在床前的弟子们说："要是我还能多活几年，即使五年或十年也可以，让我专心研究《易》，到那时候，我大概就能做到'随心所欲，不逾矩'了。"(《我与论语》)

以《论语》解《论语》： 人在绝望或生命垂危时，大都会萌生对将来的某种希望，如多活几年以完成未了的心愿。孔子则希望多活几年，研究抽象的形而上的《周易》，把从前专注在以人为本的"克己复礼"伦理思想和仁道政治理念，融入《周易》的哲理中，为自己的思想拓展更为恢宏的空间。

一般把本章译为"让我多活几年，到五十岁时专心研究《易经》，以后就不会有大的过错了"，这不合理亦不符情。四十多岁的孔子，正值壮年，怎会想到自己生命来日不多，希望多活几年学《易》呢？这显然是不合理的。这时，"孔子不仕，退而修诗、书、礼、乐，弟子弥众，至自远方，莫不受业焉"(《史记·孔子世家》)正为"有朋(弟子)自远方来"，忙得"不亦乐乎"！(《论语·学而》)怎会冒出来日不多的感伤说"加我数年，五十以学《易》，可以无大过矣"呢？这也是不符情理的。《论语》是孔子师生生活的结晶，生活必须符合情理，于是有了前面的"白话"。

本章另一重心，“孔子晚而喜《易》”（《史记·孔子世家》)。《易》是中华文化源头。孔子待病情稍有起色，即起好《易》念头，含有激发弟子学《易》兴趣之意；同时，也为任何一个到了晚年的人该如何忘却“老之将至”的不安提供一剂妙方，即执着于精神寄托，一旦该走了，洒脱地挥挥手，含笑而瞑，不亦快哉！

译意模糊（1）

原文： 子曰：“学而时习之，不亦说乎？有朋自远方来，不亦乐乎？人不知而不愠，不亦君子乎？”（《论语·学而》）

杨伯峻译： 孔子说：“学了，然后按一定的时间去实习它，不也高兴吗？有志同道合的人从远处来，不也快乐吗？人家不了解我，我却不怨恨，不也是君子吗？”（杨伯峻：《论语译注·学而篇第一》）

我试译： 孔子说：“学习与我志趣相投的学问，不是很喜悦的事吗？把我的学习心得，传授给四面八方来的弟子，而且教学相长，不是很快乐的事吗？各国执政者不了解我的治国政治理念，不怨不尤，不就是作为一个智者应有的气度吗？”

以《论语》解《论语》：《论语》的这三句反问如同三首歌，为孔子一生所吟唱。他从学习与教育弟子两方面，得到最大的快乐；却在治世理念上遭到不为当权者认同的挫败：“道不行，乘桴浮于海”（《论语·公冶长》），“子欲居九夷”（《论语·子罕》）为他的“人不知而不愠”作了注解。本章前后一贯，一气呵成，由“学而时习之”引出诲人不倦，再由乐于诲人延伸到济世主张不为权势接受后的不怨不尤的旷达气度。

“学而时习之，不亦说乎”是“智”；“有朋自远方来，不亦乐乎”是“仁”；“人不知而不愠，不亦君子乎？”是“勇”。所以，当夫子提到“仁者不忧，知者不惑，勇者不惧”（《论语·宪问》）时，聪慧敏捷、心直口快的子贡，马上补充一句：“夫子自道也。”师徒二人，一唱一和，天衣无缝。

译意模糊（2）

原文：子曰：“先进于礼乐，野人也；后进于礼乐，君子也。如用之，则吾从先进。”（《论语·先进》）

钱穆译： 先生说：“先进一辈，从礼乐方面讲，像是朴野人。后进一辈，从礼乐方面讲，真像君子了。但若用到礼乐的话，我还是愿从先进的一辈。”（钱穆：《论语新解·先进篇第十一》）

我试译：孔子说：“先学习礼乐，然后做官，是没有世袭官位而在野的人；先世袭官位，然后学习礼乐，是贵族子弟。如果由我选用人才，会多用先学礼乐的野人。”（《我与论语》）

以《论语》解《论语》：“野人”有二解：一是指粗鄙的人，如被夫子斥为“野哉，由也！”（《论语·子路》）的子路，就是一位“质胜文则野”（《论语·雍也》）的“野人”；二是指一般平民，如“小人之德，草”（《论语·颜渊》），“小人”即“野人”。

“君子”也有二解：一是指有智慧或道德高尚的人，如“人不知而不愠，不亦君子乎”（《论语·学而》）；二是指做官的人（含世袭），如“君子学道则爱人”（《论语·阳货》）。

由上可知，孔子就是“野人”。他早期的“礼乐”教育来自同是“野人”的盲乐师外祖父与母亲（《论语·卫灵公》）。由于因缘相引，他成为了将贵族礼乐从官府分流并播种到民间的第一人。

在孔子的众多弟子中，有些是世袭贵族，有些则是“野人”。但是，“君子”与“野人”在学习过程中差异较大，朱门子弟依恃祖上余荫，多少沾有懒散、骄妄、奢靡等习性，虽是奉父母之命学习礼乐，但只是虚与委蛇。相反，“野人”子弟没有任何凭借可恃，唯有自强不息才能出人头地。因此，孔子主张“学而优则仕”（《论语·子张》），如冉求为季氏宰，子路为孔悝之邑宰，子游为武城宰，子贡、公西华出使国外等。这些有成就的弟子全是“野人”，使他对人才的选拔有了新的发现，这即是本章产生的缘由。

“富岁，弟子多赖”（《孟子·告子上》）的毛病，不因时空背景不同而有太大差异，从前如此，现在亦复如是，这是本章带给我们的启示。

译意模糊（3）

原文： 子曰：“君子不重则不威；学则不固。主忠信，无友不如己者。过则勿惮改。”（《论语·学而》）

杨伯峻译： 孔子说：“君子，如果不庄重，就没有威严；即使读书，所学的也不会牢固。要以忠和信两种道德为主。不要跟不如自己的人交朋友。有了过错，就不要怕改正。”（杨伯峻：《论语译注·学而篇第一》）

我试译： 孔子说：“在上位的人，如果不能自敬自重，就不可能得到部下的敬重，学养也不能得到巩固；待人忠诚信实，疏远德行不如自己的损友；有了过错，不怕改正。”（《我与论语》）

以《论语》解《论语》： 根据“不重则不威”来推断，本章的“君子”指的应是在上位的各级官吏。凡是在上位的人，任职之时，都会面临这样的抉择，即：是以“修己”还是“修人”为领导的两个主轴。

以“修己”为主轴，得配合一些相关条件：一是好学不倦，方能时时修饰自己的内心世界；二是淡泊名利，才能有无欲则刚的洒脱、自在；三是宽宏大度，似大海不拒百川；四是礼贤下士，使天下贤能之士乐意为我所用；五是广交益友，使自己不致刚愎自用。做好以上几方面，就如“宓子贱治单父，弹鸣琴，身不下堂，而单父治”（《说苑·政理》《韩诗外传》皆有记载），最终是自己、部属、百姓皆大欢喜。

以“修人”为主轴，这种人不是聪明（不是智慧）过度，就是愚蠢无知。只看见别人身上长满疥疮，却不知自己已经患了心理癌症。修人修到顶点，就变成修人的与被人修的恶性循环。商纣王、秦始皇、隋炀帝、清慈禧，都是修人的高手，最后不是落得自杀、暴毙，就是祸国殃民、遗臭万年。

《论语》本章分四小节：

一、“不重则不威，学则不固”。由学，才知修己，凝之在身是端庄，形之于外是威仪。威仪是服众条件之一。

二、“主忠信”。在上位的人，凡事对人忠诚信实，是使人心悦诚服的不二法门。

三、“无友不如己者”。本章的“友”专指德行比自己好的益友。即孔子对子贡说的“居是邦也，事其大夫之贤者，友其士之仁者”（《论语·卫灵公》）如依传统解释，天下将无可交的朋友。

四、“过，则勿惮改。”古今中外没有不犯过错的人。孔子明白这个道理，因而，从不在意别人曾经犯错，却在意“过而不改”（《论语·卫灵公》）；有了过错不加改正才是真正的过错，他就赞美颜回“不贰过”（《论语·雍也》）。

译意模糊（4）

原文：子贡问政。子曰：“足食，足兵，民信之矣。”

子贡曰："必不得已而去，于斯三者何先？"曰："去兵。"

子贡曰："必不得已而去，于斯二者何先。"曰："去食。自古皆有死，民无信不立。"（《论语·颜渊》）

杨伯峻译： 子贡问怎样去治理政事。孔子道："充足粮食，充足军备，百姓对政府就有信心了。"（杨伯峻：《论语译注·颜渊篇》）

子贡道："如果迫于不得已，在粮食、军备和人民的信心三者之中一定要去掉一项，先去掉哪一项？"孔子道："去掉粮食。没有粮食，不过死亡，但自古以来谁都免不了死亡。如果人民对政府缺乏信心，国家是站不起来的。"（杨伯峻：《论语译注·颜渊篇第十二》）

我试译： 子贡问如何推行国家政务。孔子说："先使人民富足，国家税赋收入才会宽裕，军备充足就有能力加强国防安全，人民生命、财产有了保障，便会信赖政府。"子贡说："如果迫不得已，在赋税、军备、人民信心三者之中，要去掉一项，应该先去掉哪一项？"孔子说："减少军备。"子贡说："如果迫不得已，在赋税和人民信赖二者之中要去掉一项，应该先去掉哪一项？"孔子说："减少人民税赋。自古以来谁不死？但国家是永恒的。政府一旦失掉人民信赖，国家就会灭亡。"（《我与论语》）

以《论语》解《论语》： 子贡是所有弟子中最会向大了提问题的一位。像剥竹笋似的，直到见到笋心而后止。良徒遇明师，相得益彰。

"食"有二说。一指人民赖以维生的食物；二指赋税。东汉王充在他的《论衡·问孔》中把"食"看成第一说而有"问孔"。清朝刘宝楠在他的《论语正义》中将"食"释为赋税，是慧心独具，一通全通。孔子教育子贡为政之道，在承平时期，政府帮助人民富裕，富裕可以增加赋税，便有钱建立国防保护人民生命、财产安全。人民有了安全，就会对政府产生信心。如遇非常时期（各种灾害）紧缩国防费用，减少或免除人民赋税，使国家迅速度过危机。

《论语》本章关键字：去兵、去食。(赋税)

传统儒者对孔子的去兵、去食，译成“去掉”或“减去”。如是，国家去掉了国防、赋税、不要等到“失信”于民，国已亡了。孔子为政，重“不患寡而患不均，不患贫而患不安”。循此意，应译成“一旦国家发生重大灾难，首先减少军备开支，次及税赋，官民节衣缩食，共体时艰”。

无巧不成书，近日国际新闻焦点聚集在希腊欠欧盟十六亿欧元到期无力偿还，成了希腊的国耻日。在借贷期，希腊国内就不知减少各种开支，到期又失信于国际。想不到孔子与子贡在二十五个世纪前的一段对话，竟成了对希腊的谶言!

错置（1）

原文： 林放问礼之本。子曰：“大哉问!礼，与其奢也，宁俭；丧，与其易也，宁戚。”(《论语·八佾》)

杨伯峻译： 林放问礼的本质。孔子说：“你的问题意义重大呀!就一般礼仪说，与其铺张浪费，宁可朴素俭约；就丧礼说，与其仪文周到，宁可过度悲哀。”(杨伯峻：《论语译注·八佾篇第三》)

我试将“丧”挪动：

林放问（丧）礼之本。子曰：“大哉问！（丧）礼，与其奢也，宁俭（），与其易也，宁戚。”

我试译： 林放问办理丧礼应该怎样做最好。孔子说：“问得好极了！办理丧礼，与其奢侈，不如节俭朴实；与其注重繁文缛节，不如内心哀戚。”(《我与论语》)

以《论语》解《论语》： 林放只问“礼”，孔子却答复了“礼”

和“丧”两个问题，有一半是答非所问，是令人不解之一。孔子以“与其奢也，宁俭”解释为礼之本，显得牵强、狭隘，耐人寻味，是令人不解之二。因为，孔子思想的礼之本是“仁”，如“人而不仁，如礼何”（《论语·八佾》），“克己复礼为仁”（《论语·颜渊》）等等。如果依此来分析，那么，礼之本是俭就错了，除非将“礼”设定在某一特定事情上面，如婚丧嫁娶。若再把下句“丧，与其易也，宁戚”与上句的“礼，与其奢也，宁俭”联系起来看，上下句应是在同一特定范围内，换句话说，上文的“礼”指的是丧礼，才符合文章一贯。因此，我怀疑本章的“丧”字应移到“礼”字之前，即可改为“丧礼，与其奢也，宁俭；与其易也，宁戚”。

孔子时代记事都用竹简。竹简不论是书写、雕刻、传抄，还是收藏、阅览和搬运都不方便。每一竹简容纳字数有限，要是一篇文章分属不同竹简，在经过一段时间之后，串联竹简的麻绳断了，往往会造成竹简次序颠倒、漏失，无意中改变了原来文章的部分内容。针对这一问题，清朝顾炎武曾极力倡行考据学，惜效果不彰。在竹简时期，像本章的“丧”字，就有可能放错了地方，只要将它放回原来位置，就可以词义贯通，回复孔子原来的意思，又有何不可呢？

对于当时社会“崇丧遂哀，破产厚葬”的陋习《史记·孔子世家》，与孔子同时代的齐国大夫晏子就深恶痛绝并进行了严厉抨击。而《礼记》中记载丧礼的经纬万端，也令一般人面对家中丧礼有不知所措的痛苦和负担。所以，在林放问到丧礼如何做才算恰当时，孔子马上肯定此问是“大哉问”！由此可以窥测孔子对那时的丧礼竞相比“奢”比“易”之风，早已忧心忡忡。凡事但求“尽心”是儿女做事为人的原则，于是，他用“俭”“戚”答复了林放提的问题，也表达了自己的主张。

试看民间葬礼，丧家花钱雇请职业“孝子”哭灵，极尽奢侈浮华的排场，这和参与祭礼者在场外的谈笑风生形成鲜明对比。可见，国人中的有些人重视形式“奢”“易”的毛病，仍然在代代相承，从《论语》本章中，我们应该对此有所醒悟。

错置（2）

原文：子曰：“志士仁人，无求生以害仁，有杀身以成仁。”（《论语·卫灵公》）

杨伯峻译： 孔子说：“志士仁人，不会贪生怕死而损害仁德，只会勇于牺牲来成全仁德。”（杨伯峻：《论语译注·卫灵公篇第十五》）

我试将“求”、“杀”二字调动：

子曰：“志士仁人，无（ ）杀身以害仁，有（ ）求生以成仁。”

我试译：孔子说，真正的志士仁人，不会采用暴虎冯河牺牲自己的生命博取假仁，要做的是如何求生以成仁。（《我与论语》）

以《论语》解《论语》： 本章是《论语》近二十章里最难懂、最具争议性的一章，并且内容孤立于孔子所有言论之外。孔子视为至德的“中庸”及他为“仁”下的定义：“夫仁者，己欲立而立人，己欲达而达人”（《论语·雍也》）都与本章内涵、意境相去甚远，亦越出他一生信守不渝的“吾道一以贯之”（《论语·里仁》）思想范畴。

孔子讲“仁”，不能遗漏三个要件：一是由“仁”的组合看，二人才称为“仁”，即我爱己，亦爱人，才叫“仁”，缺一都不是“仁”。二是由“仁”的方法看，是由利己延伸到利人，即孔子说的“能近取譬，可谓仁之方也已”（《论语·雍也》）。三是由“仁”的运用看，不能缺少“义”，即各得其宜：孔子的“君子之于天下也，无适也，无莫也，义之与比”（《论语·泰伯》）。然而，本段与以上的三点都没有关联。

至于孔子进退仕途之道，亦与“杀身以成仁”无关。看一看“用之则行，舍之则藏”（《论语·述而》）“危邦不入，乱邦不居。天下有道则见，无道则隐”（《论语·泰伯》）就明白了。

孔子同时代的齐国大夫晏子，与孔子的政治思想、人生态度有许多是相符的，可以借他对齐景公的一段话来反观《论语》本章。

景公问于晏子曰：“忠臣之事君也何若？”晏子对曰：“有难不死，出亡不送。”公不说，曰：“君裂地而封之，疏爵而贵之，君有难不死，出亡不送，可谓忠乎？”对曰：“言而见用，终身无难，臣奚死焉；谋而见从，终身不出，臣奚送焉。若言不用，有难而死之是妄死也；谋而不从，出亡而送之，是诈伪也。故忠臣也者，能纳善于君，不能与君陷于难。”（《晏子春秋·内篇问上第三》）

韩婴也有与晏子前后呼应的精辟见解，客观、公允，天理与人情兼蓄，是难见的佳文。

比干谏而死。箕子曰：“知不用而言，愚也；杀身以彰君之恶，不忠也。二者不可，然且为之，不祥莫大焉。”遂解发佯狂而去。君子闻之，曰：“劳矣！箕子，尽其精神，竭其忠爱，见比干之事，免其身，仁知之至。《诗》曰：‘人亦有言，靡哲不愚。’”（《韩诗外传·卷六》）

回头再看《论语》中有关古人“杀身以成仁”的内容，共两章。

一为：微子去之，箕子为之奴，比干谏而死。孔子曰：“殷有三仁焉。”（《论语·微子》）

孔子固然称许“殷有三仁”。他把弃官逃命的微子排在首位，箕子次之，而被侄儿纣王剖肚挖肝的比干殿后，是很有意思的排列，含有比干虽“杀身成仁”，却有不智的叹惋。

二为：伯夷、叔齐，被孔子誉为古之贤人，饿死在首阳山之下，是“求仁而得仁”（《论语·述而》），但孔子并不赞同，所以才有“我则异于是，无可无不可”（《论语·微子》）的话。

综合以上，可知孔子对“仁”的界定是爱己也爱人；可行则行，不行则隐才是达者、时者。既达且知时，何用“杀身以成仁”？

错解（1）

原文：子曰：“朝闻道，夕死可矣。”（《论语·里仁》）

杨伯峻译：孔子说：“早晨得知真理，要我当晚死去都可以。”（杨伯峻：《论语译注·里仁篇第四》）

我试译：孔子说：“假如有一天听到天下都在推行我的大道，即使因此而马上死去也很高兴。”（《我与论语》）

以《论语》解《论语》：由于孔子所指的“道”是一个抽象的概念，我们只有先把以下几个问题弄清，才能知道孔子所说的真正意义。

第一是“闻”。“闻”在《论语》多作“听”解，如“夫子至于是邦也，必闻其政”（《论语·学而》），“多闻，择其善者而从之”（《论语·述而》）之中的“闻”字都是此意。

第二，《论语》本章的“道”，与“道不行，乘桴浮于海”（《论语·公冶长》），“天下之无道也久矣”（《论语·八佾》）的“道”一样，作“政治理想”解。

第三，孔子周游列国十四年，返回鲁国时已是六十八岁的人了，他将政治理想的实现寄寓在弟子身上。因而从《论语》本章孔子的心境与“甚矣吾衰也！久矣吾不复梦见周公”（《论语·述而》）的那种沮丧情绪十分相似来推断，这句话应该是孔子逝世前对自己政治理想仅存的最后一线希望。

第四，孔子的政治理想是什么？他的政治理想说到底就是《礼运大同篇》中的“大道之行也，天下为公……使老有所终，壮有所用，幼有所长……”。

把以上几方面连缀起来，就是《论语》本章的译文内容：“如果自己的理想或愿望能够实现，即使马上死去也很高兴。”这是符合“人之将死，其言也善”（《论语·泰伯》）的人性的。曾有人问我：“你为什么要挑《论语》来研究，不怕孤独、寂寞和别人嘲笑吗？”我回答说：我一生最大的心愿就是希望让我的同胞了解孔子的思想，知道他是一位平易近人、可亲可敬、智贯日月的人，即使为此马上死去也会含笑瞑目。

错解（2）

原文：子曰：“里仁为美，择不处仁，焉得知？”（《论语·里仁》）

杨伯峻译：孔子说：“住的地方，要有仁德这才好。选择住处，没有仁德，怎么能是聪明呢？”（杨伯峻：《论语译注·里仁篇第四》）

我试译：孔子说：“人类的美好之处，就在我们心中怀有仁爱。要是不能选择仁爱，又怎么可能得到‘己欲立而立人，己欲达而达人’的智慧呢？”（《我与论语》）

以《论语》解《论语》：研究《论语》，不能跟产生《论语》的时代环境脱节，否则，便很难领悟孔子所说的真正意义。

现在人一般选择住宅，首先考虑的是交通、孩子就学、民生品市场、休闲场所、上班地点等方面的条件，其次才是乡邻生活品质、工厂污染等问题。而对所居住的环境是否仁德，大都不当问题来看。

而在古代，我国传统农业社会的特征就是安土重迁，除非遇到天灾兵祸。至于像今天房产自由买卖，是不太可能出现在那个“邻国相望，鸡犬之声相闻，民至老死，不相往来”（《老子·第八十章》）时代的。弄清了古今不同的社会结构，才不会陷入以今境解古境的泥坑中，把“里仁为美。择不处仁，焉得知”错译为“选择有仁厚风俗的地方居住，才称得上明智”。

再从孔子的“仁者安仁”（《论语·里仁》）及“子欲居九夷。或曰：‘陋，如之何？’子曰：‘君子居之，何陋之有？’”（《论语·子罕》）来看，孔子强调的是人心中有仁，并且做到不论在任何地方都是心怀“里仁为美”的智者。孔子在任何情形之下，都是坚持“自求多福”的，因此，把“里仁”当成仁德的地方，显然违背了孔子不依仗外界环境决定自己祸福的原则。

错解（3）

原文：子曰：“自行束修以上，吾未尝无诲焉。”（《论语·述而》）

钱穆译：先生说：“从带着十脡干脯为礼来求见的起，吾从没有不与以教诲的。”（钱穆：《论语新解·述而篇第七》）

我试译 ：孔子说：“凡是十五岁以上，自行前来求学向上的人，我没有不教的。”（《我与论语》）

以《论语》解《论语》：“孔（安国）曰：言人能奉礼，自行束修以上，则皆教诲之。”（清刘宝楠：《论语正义》）译成白话就是：孔子说：“凡是自愿送上一束干肉做学费的，我没有不教的。”如是孔子本意，也可以反过来说：“凡是不奉送干肉给我的，就不一定教他。”若是这样，那么孔子就不是“诲人不倦”的仁者；也不可能得到三千弟子的由衷信服。问题在于孔子所说的“束修”到底是不是指学费，这唯有从《论语》《孟子》等书中找有关资料来证实。

一、孔子说：“放于利而行，多怨。”（《论语·里仁》）“见小利则大事不成。”（《论语·子路》）“见利思义”（《论语·宪问》）学费是小利，仁是大事，舍大事而就小利，孔子不至愚蠢到言行自我矛盾吧？

二、弟子们对孔夫子的评论是：“子罕言利，与命，与仁。”（《论语·子罕》）“他人之贤者，丘陵也，犹可逾也；仲尼，日月也，无得而逾焉。”（《论语·子张》）“以予观于夫子，贤于尧、舜远矣。”（《孟子·公孙丑上》）这些资料表明孔子师生间并无利益交换。

三、孟子一生重义轻利，去孔子不远，孔子如有收学费传闻，断不会以效法孔子为志。

四、《礼记·内则》：“成童（十五岁），舞《象》（武舞）、学射御。”便含有“束修”的意思。

五、孔子晚年，已是鲁国大老，名扬于世的学者，如收学费，则财源不会匮乏。断不致独子孔鲤，爱徒颜回相继逝世，穷到为他们买一副外椁的钱都没有，以致丧葬费用由弟子们凑齐。

从以上资料及《论语》中孔子的“爱人”精神研判，“束修”应不是指学费，而是指学生应将头发盘上去便于学习。

错解（4）

原文：子曰：“不患人之不己知，患不知人也。”（《论语·学而》）

钱穆译：先生说：“不要愁别人不知我，该愁我不知人。”（钱穆：《论语新解·学而篇第一》）

我试译：孔子说：“不担忧别人不了解我，只担忧自己不了解自己。”（《我与论语》）

以《论语》解《论语》：1988年初撰《我与论语》，对孔子博文约礼思想有些微言尚存朦胧，面对《论语》本章即承传统译成：“不要在乎别人知不知道自己，应在乎的是怎样用智慧去分辨别人的贤与不肖。”

经过二十多年摸索，年增智长，对孔子某些章句因岁月的洗礼，发生错译、错置……大致勉强能洞见症结，《论语》本章即是其一，乃有以今日之“是”改昨日之“非”。

错解（5）

原文：子曰：“攻乎异端，斯害也已。”（《论语·为政》）

钱穆译：先生说：“专向反对的一端用力，那就有害了。”（钱穆：《论语新解·为政篇第二》）

我试译：孔子说：“只知攻击与自己学术、意见不同的人，这对于任何一方都是祸害。”（《我与论语》）

以《论语》解《论语》：朱熹引范氏之言认为《论语》本章的“异端，非圣人之道，而别为一端，如杨、墨是也”这是将孟子的“杨氏为我，是无君也；墨氏兼爱，是无父也。无父无君，是禽兽也”（《孟子·滕文公下》）移植到《论语》的注解上，孟冠孔戴，淹没了孔子讲本章的微言大义。(孔子之世，杨、墨尚未出生。)

“攻”“异端”是《论语》本章的关键。

“攻”，含有指责、攻击别人的意思。孔子重视“克己”，不会对与自己不同的学术、意见加以指责。如“子贡方人。子曰：‘赐也贤乎哉！夫我则不暇。’”（《论语·宪问》）。

“异端”是与自己相对的一端。如果攻击另一端，坚持异端是错，己端是对，就失掉了“见贤思齐焉，见不贤而内自省也”（《论语·里仁》）那种反求诸己、促进自己成长的机会，也不利于培养辨别是非、善恶、对错的智慧，损人不利己。《老残游记·第九回》，作者刘鹗借玛姑的口，对本章就有异于传统的观点。玛姑说：

“孔子一生遇了多少异端！如长沮、桀溺、荷蒉丈人等类，均不十分佩服孔子，而孔子反赞扬他们不置：是其公处，是其大处。所以说：“攻乎异端，斯害也已。”……只是儒教可惜失传已久，汉儒拘守章句，反遗大旨；到了唐朝，直没人提及。……所以后世学儒的人，觉得孔孟的道理太费事，不如弄两句辟佛、老的口头禅，就算是圣人之徒，岂不省事。弄的朱夫子也出不了这个范围，只好据韩昌黎的《原道》去改孔子的《论语》，把那“攻乎异端”的“攻”字，百般扭曲，究竟总说不圆，却把孔孟的儒教被宋儒弄得小而又小，以至于绝了！”

刘鹗虽见到《论语》本章原来旨意，似不够详尽。不论人、事、物，都有两端。如果所攻伐的另一端是人，则一定伤人，这属“仁”的范围。如桀溺对子路说：“与其从辟人之士也，岂若从辟世之士哉？”（《论语·微子》）不仅有攻伐异端（孔子）的意思，还有挑拨他们师生情感之嫌。反过来看孔子，不但不以为忤，还以此反省自己，并教育樊迟要培养“攻其（己）恶，无攻人之恶”（《论语·颜渊》）的德行。两相比较高下立见。如果所攻伐的另一端是事、物，则属“智”的范围，便会因对事、物的好恶、利害，做出共受其害的蠢事来。汉武帝“罢黜（另一端）百家”，独尊（此一端）儒术，应验了孔子的预言“攻乎异端，斯害也已”。使孔子思想因缺少包容、竞争、比较，而丧失了“行有不得者皆反求诸己”（《孟子·离娄上》）的活力。尤其到了宋朝，只剩下孔子儒学的躯壳。拙著《享受论语》对本章有较详尽的阐述。

错解（6）

原文：子曰：“吾未见好德如好色者也。”（《论语·子罕》）

钱穆译：先生说："我没有见过好德能像好色般的人呀。"（钱穆：《论语新解·子罕篇第九》）

我试译：孔子说："我不曾见过爱好仁德像爱好美色一样的国君。"（《我与论语》）

以《论语》解《论语》：《论语》本章的对象是孔子所见过的各国国君。为什么要这样说呢？主要有以下几点理由：

一、在孔子的弟子中，至少有十人是"好德如好色"的，如颜渊、闵子骞、有若、冉伯牛、仲弓、子路、曾参、原宪、公冶长、南容等便是。另外，与孔子同时代的晏婴、子产、左丘明等人，也是孔子称赞好德的人。可见，本章的对象不是指所有人，是特称命题。

二、与孔子打过交道的国君，几乎全是好色的。孔子五十五岁任鲁国大司寇。鲁定公接受齐国赠送的八十位美女后，从此君王不早朝。孔子只好黯然离开鲁国，并歌道："彼妇之口，可以出走；彼妇之谒，可以死败。盖优哉游哉，维以卒岁！"（《史记·孔子世家》）孔子对鲁君重色轻国的悲愤之情，从此歌中表露无遗。

曾经想重用孔子却又失信的齐景公，也是个重色贱德的国君。《晏子春秋·内篇谏下》便有这样记载："景公之嬖妾婴子死，公守之，三日不食，肤着于席不去，左右以复，而君无听焉。"这样的新闻，孔子没有不知道的道理。

孔子五十九岁时，"居卫月余，灵公与夫人同车，宦者雍渠参乘，出，使孔子为次乘，招摇市过之。孔子曰：'吾未见好德如好色者也。'于是丑之，去卫，过曹"（《史记·孔子世家》）。

从以上这三位国君的好色表现来看，孔子的言论显然是针对他们而发，应无疑问。

三、权势会助长人的好色。唐玄宗就是用权势把儿媳杨玉环据为己有。

错解（7）

原文：子曰："参乎！吾道一以贯之。"曾子曰："惟。"

子出。门人问曰："何谓也？"曾子曰："夫子之道，忠恕而已矣。"（《论语·里仁》）

杨伯峻译：孔子说："参呀！我的学说贯穿着一个基本观念。"曾子说："是。"

孔子走出去以后，别的学生便问曾子道："这是什么意思？"曾子道："他老人家的学说，只是忠和恕罢了。"（杨伯峻：《论语译注·里仁篇第四》）

我试译：刚入门不久的曾参在杏坛问："夫子一生思想、言论、行谊能不能用一句话概括？夫子说："曾参啊！我一生言行，只要用'一'就可以把它们贯穿起来（约之为一，化为万殊）。"曾参似懂非懂，含混以"是"对。讲到这儿，孔子有事走了。其他年幼弟子不懂，转而问曾参。曾参信口说："夫子说的，只是'忠、恕'罢了。"

以《论语》解《论语》：以"忠恕"释孔子"吾道一以贯之"，像巨人穿幼儿衣裳，滑稽、好笑。这幕笑剧却大摇大摆地走了二十五个世纪，除了宋朝叶适曾出现强烈质疑外，都成了孔子的谶言"道听而途说，德之弃也"的人。孔子文化就这般蹒跚走到了今天。拙著《我与论语》第二篇第一章有专论。

错解（8）

原文：宰予昼寝。子曰："朽木不可雕也，粪土之墙不可圬也；于予与何诛？"子曰："始吾于人也，听其言而信其行；今吾于人也，

听其言而观其行。于予与改是。”（《论语·公冶长》）

杨伯峻译：宰予在白天睡觉。孔子说：“腐烂了的木头雕刻不得，粪土似的墙壁粉刷不得；对于宰予么，不值得责备呀。”又说：“最初，我对人家，听到他的话，便相信他的行为；今天，我对人家，听到他的话，却要考察他的行为。从宰予的事件以后，我改变了态度。”（杨伯峻：《论语译注·公冶长篇第五》）

我试译：宰予体弱多病，常在白天打瞌睡。

孔子说：“一个人要是身体不健康，就像腐朽的木头不能用来雕刻，像粪土砌成的墙不能在外面粉饰，要我如何责怪他呢？”过了一段时间，孔子又说：“以前我对一个人，听了他的话就相信他能做到；现在我对一个人，听了他的话，还要观察他的健康情形，看他有没有能力实现他所说的话。这是宰予改变了我的观念。”（《我与论语》）

以《论语》解《论语》：东汉王充在他的《论衡·问孔》中，就本章孔子正言厉色指责宰予曾提出反问，一问宰予位列孔门十哲之一，只因在白天睡觉就受到斥责，是不是小题大做？二问白天睡觉和人的品德有没有必然关系？

宰予擅长“言语”，如果说孔子是对宰予贪睡予以责备，则是不符情理的。孔子一生服膺周公。周公就曾对鲁公说：“无求备于一人。”（《论语·微子》）如果孔子是“求备于宰予”，那岂不是背离了他一贯的思想、原则？

《论语》本章的关键在“朽木”和“粪墙”。古今学者，一般把它譬喻为“心态”；然而，这种解释与孔子感慨宰予身体羸弱，如同朽木、粪墙，难以承担重责大任大相径庭。再说，孔子待人一贯秉持“不为已甚”，不可能因宰予白天睡觉就严厉指责他。除非孔子根本就没有责备宰予的意思，只是后人会错了意？朽木、粪墙是物质。人有精神，也有物质，用物质来比喻宰予的心态，只能是引喻失义。

我曾教过一个学生，聪明过人，反应敏捷，但有一个弱点就是体弱多病。一学期至少请病假一个月。虽是如此，但他的成绩一直排在全班前三名以内。我作为导师，是要为他身体虚弱而同情，还是责备他请假太多呢？孔子能“因材施教”，亦能“因材而言”，他把宰予身体比喻成“朽木”“粪墙”，是十分符合情理的。

《论语》本章第二段与第一段似乎没有关联。宰予因“辩口利辞”，加上体弱多病，而成了孔子“因材施教”的特殊案例。

不论是父子、师生关系，还是上下级、朋友关系，“礼尚往来”是维系人与人和谐关系的重要内容。要不是孔子对宰予循循善诱，视如己子，就不会有宰予对孔子的由衷赞颂：“以予观于夫子，贤于尧、舜远矣！”（《孟子·公孙丑上》）

错解（9）

原文：子见南子，子路不说。夫子矢之曰：“予所否者，天厌之！天厌之！”（《论语·雍也》）

杨伯峻译：孔子去和南子相见，子路不高兴。孔子发誓道：“我假若不对的话，天厌弃我罢！天厌弃我罢！”（杨伯峻：《论语译注·雍也篇第六》）

我试译：孔子被迫去见南子，子路不高兴，怕影响夫子的声誉。孔子正色道：“我和你的看法不一样，对于具有争议性的人，我一定亲自观察，如果她的确是一位坏女人，不仅我厌弃她，天也会厌弃她！天也会厌弃她！”（《我与论语》）

以《论语》解《论语》：“子见南子”这一年，孔子五十七岁，是他离开鲁国的第三年，暂住在卫国贤大夫蘧伯玉家中。当时，卫国政治权柄掌握在卫灵公夫人南子手中，南子派人告诉孔子，欲见灵公，必先由她接见。因南子风评不佳，孔子踌躇了一阵子，但为了劝服灵公推行他的仁道政治，只有硬着头皮前往相见。子路是追随夫子最早的弟子之一，情谊逾父子，性亢直，言语鲁莽，为了维护孔子的声誉，当时他可能形之于色，甚至咕噜了几句，引出了夫子正色说“予所否者，天厌之！天厌之”的话。

“矢”是《论语》本章的关键词。可分别参照《广雅·释诂》《书·盘庚》：“出矢言。”“矢言曰。”及《论语·卫灵公》：“直哉史鱼！邦有道，如矢；邦无道，如矢。”

“矢”都当“正直”解，因而，我据以断定“矢”在本章应当“正言”解，与“发誓”无关。只因孔安国著《论语释义》时，一字定江山，把“矢”当“誓”解，以致后人在解释“矢”时都把它当“誓”讲。

古今稍具思想的知识分子，不是把“誓”当成神圣大事，便是看似无稽之谈，不会挂在口边滥用。我从事教育工作近二十年，未曾因某事向学生发过誓。当学生对我讲的某事略有疑惑，而以“真的吗？”追问时，我也不用“真的”或“不骗你”回应，只是无言代答案。时间是学生对教师德行最公正、严厉的检验标准。久了，他们也就自然而然相信我的每一句话都是真的。我只是千千万万教师里微不足道的一个，而孔子是享誉国际的思想家、政治家、教育家，更是弟子心目中的偶像，又怎么可能会为了博取弟子信任而发誓呢？

错解（10）

原文：子曰：“古之学者为己，今之学者为人。”（《论语·宪问》）

钱穆译：先生说：“古之学者，是为己而学的。今之学者，是为人而学的。”（钱穆：《论语新解·宪问篇第十四》）

我试译：孔子说："周游列国前入门的弟子，大多为自己的兴趣而来求学；六十八岁回鲁国后，入门的弟子大多为名利前来求学。"（《论语与生活》）

以《论语》解《论语》："古、今"是关键字。"古"：从前；"今"：现在。

钱穆译："古之学者，是为己而学的。今之学者，是为人而学的。"这两句译意，对吗？如是，从前就全是为己而学，却没有为人而学的例外？

孔子一生，以五十五岁为界，分为离鲁国前和回鲁国后两个阶段。他的弟子亦以此划分，为离鲁国与回鲁国两类弟子。在（《论语·先进》）里列"德行科"的弟子，根据年龄推论，全是前期弟子；在回鲁国后入门的弟子，亦依年龄推论，而有子游、子夏、樊迟、子张等。因而，有了我对《论语》本章便译成：古之学者（指早期弟子）为己；今之学者（指孔子晚年方入孔门弟子）为人，代表人物是子张，曾向夫子问"闻达""干禄"……具有强烈的功利意识。

错解（11）

原文：孔子曰："君子有三戒：少之时，血气未定，戒之在色；及其壮也，血气方刚，戒之在斗；及其老也，血气既衰，戒之在得。"（《论语·季氏》）

杨伯峻译：孔子说："君子有三件事情应该警惕戒备：年轻的时候，血气未定，便要警戒，莫迷恋女色；等到壮年了，血气正旺盛，便要警戒，莫好胜喜斗；等到年老了，血气已经衰弱，便要警戒，莫贪求无厌。"（杨伯峻：《论语译注·季氏篇第十六》）

我试译：孔子说："智者，知道人的一生分成三个阶段：少年、壮年、老年。少年时，因理智尚未成熟，情感容易冲动，应警惕以语言、脸色、粗暴行为冒犯长上。壮年时，血气旺盛，激情澎湃，应警惕与人逞强斗狠，恋色纵欲；老年时，体力衰退，趋向现实利害，应警惕贪得无厌。”（《我与论语》）

以《论语》解《论语》：

“戒之在色”的色，究竟指的是什么？众说纷纭。从《论语》里有关“色”的众多字句来看，本章的“色”应指人的脸色、态度。如“贤贤易色”（《论语·学而》）、“子夏问孝。子曰‘色难’”（《论语·为政》）、“论笃是与，君子者乎？色庄者乎”（《论语·先进》）、“察言而观色”（《论语·颜渊》）、“贤者辟世，其次辟地，其次辟色”（《论语·宪问》）、“色思温”（《论语·季氏》）等，都与“女色”无关。孔子虽有“吾未见好德如好色者也”（《论语·子罕》）之说，却也只在说明有些人有好色胜于好德的毛病，与《论语》本章的“色”没有丝毫关联。当然，将本章的“色”解释成“脸色”而非“女色”，并不是说孔子主张禁欲；相反，从孔子在删《诗经》时以《关雎》为首，可证明孔子是人性自然主义者，既不纵欲，也不抑情。把孔子弄成今天这般道貌岸然、神圣不可侵犯的模样，只是那些宋明理学家闭门造车的杰作。

“壮年戒斗”。大概多数青壮年人都或多或少有过与人争强斗胜的经历。如与人斗力、斗气等。我有一位朋友，是一所私立职校校长，温文尔雅，就是因为有一次与人斗酒，让酒精夺走了他年轻的生命。一部《金瓶梅》我只看到一个壮年人西门庆为“色”而亡的故事。

“老年戒得。”老年人的心如何安顿，一直困惑着很多人。孔子的方法是“学不厌”。他“发愤忘食，乐以忘忧，不知老之将至云尔”（《论语·述而》）就自然地淡化了因年老带来的心理压力，这与信佛的人碰到危险时念南无阿弥陀佛可以缓解内心的恐惧一样。佛陀重忘情；孔子是入世主义者，重移情。而移情心理对一般人生的不安具有一定的稳定作用。良好的嗜好就是移情。培养嗜好得从青少年时期开始，像银行存款一样，储存得越多，老年时的精神生活也就越多彩多姿。到了老年，因为心中储存了许多精神的“得”，如音乐、写作、园艺、绘画、摄影、运动等，自然对外面物质的“得”就兴趣降低了。

错解（12）

原文：子曰：“惟女子与小人为难养也，近之则不孙，远之则怨。”（《论语·阳货》）

钱穆译：先生说：“只有家里的妾侍和仆人最难养。你若和他们近了，他将不知有逊让。你若和他们远了，他便会怨恨你。”（钱穆：《论语新解·阳货篇第十七》）

我试译：孔子说：“（由于我的一生命运蹇滞，形成了特殊的数代单亲的家庭环境，因而）与家中女子和小孩难以相处。亲近了，他们就会无礼；疏远了，他们又会抱怨。”

以《论语》解《论语》：

新文化运动以来，不少人以《论语》本章为据，把孔子看成中国歧视女子的始作俑者，连带因迁怒而否定他的所有思想。对此，我不敢苟同。那么，孔子的这番话是对还是错呢？我们不妨冷静下来分析他说这句话的缘由：

一、在古代，一般男性能够接触的女子，不外乎家中亲人。

二、《论语》本章中，孔子讲话的语气里充满了无奈而非歧视。这说明当时孔子的心中有诸多不为人知的因素，如可能受到家中女子、小孩的无理取闹等，唯有用无奈来显示他内心的疲惫。在我们四周，不也常常发生这种情形？因此，从这个角度讲，我们不仅应该同情他，还应对他误会致以歉意。

三、孔子家境贫寒，三岁丧父，唯一接近的女子是二十岁左右就守寡的母亲。如前所述，在缺少丈夫照顾、抚慰的情形下，为了缓解生活压力，颜徵在（孔子的母亲）可能带着年幼的孔子回到娘家，她的情绪也可能经常摇摆在暴躁和沮丧之间。自然的，孔子儿时便不得不承受如本章所说“近之则不孙，远之则怨”。我儿时的情形与孔子相似，四岁丧父，家境贫寒，母亲上要侍奉八十岁的公公，下要抚育六个幼儿，常为筹措生活费用而四处借贷。母亲性情刚毅，兄长外出工作或读书，我是唯一留在家中的孩子，自然成了母亲发泄内心忧郁、痛苦、负荷的对象。吃饭、睡觉、挨打，成了我每天必须面对的三件事，因而，我读《论语》本章，比一般人多了一层切身体验。

四、为了生活，颜徵在极有可能是跟着盲乐师的父亲，靠替别人办理丧祭赚取家用（具体内容详见《论语 · 学而》）。在孔子年岁稍长后，还可能就该不该抛头露面出外工作一事和母亲发生过争执（具体内容详见《论语 · 里仁》）。

五、孔子十七岁时，母亲逝世，从此成了孤儿，同时也失去了接近女子、了解女子的机会。

六、据《礼记·檀弓上》记载“子上之母死而不丧”，郑玄注“子上，孔子曾孙，子思伋之子，名白，其母出”。由此可见，从孔子起，三代都曾离婚。在每一代离婚的过程中，多少会出现不愉快的摩擦、冲突、怨尤，这给孔子的内心一定带来相当大的苦恼无奈。

七、孔子晚年删《诗经》，以《关雎》为首，丝毫看不出他有歧视女子的只言片语。

综合以上资料，本章便是孔子因四代（包括父早亡，母年轻守寡）不幸婚姻生活，有感而发的特称命题。

真正歧视女子的罪魁祸首是历代皇帝。尤其到了宋朝，那些不食人间烟火的所谓通儒，更是推波助澜，苛求女子对丈夫从一而终。本章所说的“小人”，依理是指家中的孩子。

我因大半生是在颠簸困顿中摔打过来，或许比别人身上多了些尘土，因此，试图对孔子讲《论语》本章的可能原因作一点探索性的研究，是对是错？尚祈先进指正。

本书本章缘起：

《论语》是《四书五经》里唯一专谈“生活”的书。包括个人、家庭、社会、民族、国家、世界的生活。

生活，在能通(符情、理、欲)、用、益、和。如：“学而时习之，不亦说乎”，指个人生活。

君礼、臣忠；父慈，子孝；兄友，弟恭；友义，指团体生活。

“礼运大同”指人类的生活。

学术，多“纸上谈理”。如孟子“性善”；荀子“性恶”。孰是？移之生活，永无定论。

我20岁才与《论语》结缘，迄今已一甲子。由生而熟，由熟而疑，发现《论语》的某些章、句、字与孔子思想相悖。“疑、思、问”，本书本章便是“问”出来的异见。是与非，就见仁见智了。

第三篇　旭日

第一章　黎明前的黑暗

子张问：“十世可知也？”子曰：“殷因于夏礼，所损益可知也。周因于殷礼，所损益可知也。其或继周者，虽百世可知也。”（《论语·为政》）

译文

子张问：“可以预知十代以后的礼仪、文化吗？”孔子说：“商朝继承了夏朝的礼仪、文化，所废除的和新增的，是可以知道的。周朝继承了商朝的礼仪、文化，所废除的和新增的，也是可以知道的。依此类推，将来有继承周朝的，即使传承一百世，那也是可以知道的。”

臆解

鉴古知今，鉴今知未。

相关资料

一、太平天国（1851—1864）

广东人洪秀全，从小聪明伶俐。四次应试皆落榜，“迁怒”孔孟，改信基督教，家中孔子牌位换成上帝。1851年集合教友一万多人在广西金田村起事，建国号太平天国，自称天王。另封杨秀清等人为东王、西王、南王、北王。不过两年，攻陷南京。所到之处，毁孔庙焚经书，只准信上帝教，咸丰三年曾国藩奉命成立湘军，进剿太平天国。

同治三年，湘军大败洪军，秀全见大势已去，服毒自尽。[①]

二、民初打倒孔家店的清道夫，代表

1. 吴虞（1872—1949），四川新都人，1905年留学日本，回国后曾任编辑、教职。反对孔孟学说。指出儒家教人忠、孝，“是要把中国弄成一个制造顺民的大工厂”。孔二先生的礼教讲到了极点，就非杀人吃人不成功，真是残酷极了。

2. 陈独秀（1879—1942），安徽安庆人，1901年曾到日本留学。认为孔教与民主根本对立，论证孔子之道不适合于现代生活。

3. 鲁迅（1881—1936），浙江绍兴人，1902年赴日本，先学医，后改文。指出“孔夫子之在中国，是权势者们捧起来的。……孔子生前遭遇并不好，到了死后，特种权势者使用种种的白粉给他来化妆，一直抬到吓人的高度，成了权势者们的圣人，终于成了敲门砖”。

4. 易白沙（1886—1921），湖南长沙人。认为“孔子尊君权，漫无限制，易演成独夫专制之弊”；孔子讲学不许问难，易演成“思想专制之弊”；“孔子少绝对之主张，易为人所借口”；“孔子单重做官，不重谋食，易入民贼牢笼”。曾留学日本，1921年自杀。

5. 钱玄同（1887—1939），浙江吴兴人。早年留学日本，强调“欲使中国不亡，欲使中国民族为二十世纪文明之民族，必废以孔学。……为根本解决之根本解决”[②]。

---

① 陈致平：《中华通史》（近代史），台湾黎明文化公司1979年版。
② 《孔子大辞典》（近代以来人物），上海辞书出版社1993年版。

三、“文化大革命”（1966—1976）

1973年8月7日《人民日报》发表《孔子——顽固地维护奴隶制的思想家》一文。以后各报刊陆续发表一批批孔文章。1974年初，向各地转发江青主持选编的《林彪与孔孟之道》后，“批林批孔”在全国逐步开展。江青等组织人员不断发表讲话，并在报刊上连篇累牍地发表文章，歪曲篡改历史，大搞影射史学，批判孔子及其儒家学说，强调孔子是一个“开历史倒车的复辟狂”，“凶狠裂暴的大恶霸”，“是一切反动、没落、顽固势力的代表”，等等。①

解析

天，有大自然运行常理；人，有情、欲错综复杂的理。天理有常，好解，故科学家多如繁星；人理纷浊，难断，故思想家寥若晨星。

神，居天堂，没人往返过，什么模样，全凭道听途说，集说成书，然后供人膜拜。

孔子是人，生而贱鄙，经常翻腾在“七情六欲”里不得安宁，惑思问，问思学，学生智；知“穷而不困也，忧而不衰也，先知祸福之始而心不惑也。圣人之深念，独知独见”②。智者心似明镜；知前之始，今之变，后之来，循“义”理，“虽百世可知也”。常人自难一窥堂奥；即或已登堂入室弟子亦仅得夫子之一体。

循史而下，曾参以“忠恕”解夫子“吾道一以贯之”（《论语·里仁》），到秦“焚书坑儒”、汉董仲舒搞“三纲”、宋“坐谈空理”，明清“八股文”取士，不是都因不识孔子真面目，误导中华历史文化走向偏盲的吗？

---

① 《孔子大辞典》（近代以来人物），上海辞书出版社1993年版。
② 《说苑·杂言》

洪秀全创太平天国，曾造成生灵涂炭之杀孽，肇因他四次乡试，八股文没有被主考官垂青，迁怒孔子，转而投身基督教，亦为后来民初五四运动打倒孔家店，1973 年“文革”批孔塑造了一批不懂孔子，却批判孔子的盲人当了开路先锋。上列吴虞等五人皆留学日本，却一致视孔子为仇，是否另有玄机？

两千五百年长夜终将过去，被愁云惨雾笼罩的人间北辰，循“时”必将重现大地，为人民指点迷津。

拾遗

物极必反，夜尽昼来。

两千多年来，孔子原貌（思想、言行、举止）像川剧演员的“变脸”。变到今天，没有人知道他被变了多少次不同的脸，这大概使许多人都迷惑：人人知道孔子，人人却不清楚孔子在脱尽所有脸谱后的本来面目，究竟是什么模样？

我们唯有尽力跟踪他每一次变脸前的脸谱，一直追寻下去，直到无脸谱可变而止。或许，我们需要花上一生，甚至更久才有幸一睹孔子真面目。

每一张脸谱都有名字，有的叫曾参，或秦始皇、董仲舒、赵匡胤、朱熹……

第二章　晨光熹微

叔孙武叔毁仲尼。子贡曰："无以为也！仲尼不可毁也。他人之贤者，丘陵也，犹可逾也；仲尼，日月也，无得而逾焉。人虽欲自绝，其何伤于日月乎？多见其不知量也。"（《论语·子张》）

译文

叔孙武叔毁谤孔子。子贡知道这件事后说："这样做是没有用的呀！仲尼是毁谤不了的。别人的贤能，有如丘陵，还可以跨越；仲尼的贤能，就像天上日月，没有人可以超过。纵使有人不要日月的光明，对日月又有什么损害呢？只是显得他不自量力罢了。"

臆解

欲识孔子真面目，唯"智者"能。

相关资料

一、1988年7月诺贝尔奖得主者在巴黎集会。汉尼斯·阿尔文博士（瑞士人，1970年诺贝尔物理学奖获得者）发言。他在其等离子体物理学研究领域中的辉煌生涯将近结束时，得出如下的结论："人类要生存下去，就必须回到公元前500年以前，去汲取孔子的智慧。"

阿尔文博士一直致力空间研究，他的工作无意中成为"星球大战"的序曲。他觉得各国的国防部应当改名为"大批杀伤平民部"。[①]

二、1988年4月11日，新加坡政府邀请复旦大学、台湾大学、香港大学及新加坡大学，各派学生代表数人参加在新举办"儒家思想可以抵制西方歪风"的正反辩论会，为两岸中华文化交流当了开路先锋，不论结果如何，弥足珍贵。[②]

三、【记者陈东旭/台北—北京报道】孔子回来了——中共昨天在象征威权地位的天安门广场竖起了孔子雕像。天安门一向是大陆政治的核心，孔子则是中华传统文化的代表，在此竖立孔子雕像，传递的政治信息极为明显，代表中共将全面恢复中华文化，并争取文化正统的论述权。[③]

四、【林克伦/综合报道】历时近半年、针对大陆二十四所大学所做"中国文化符号调查报告"日前公布调查显示，在270项候选文化符号里，大学生对汉语、孔子、书法等传统文化符号认可度普遍高于韩寒、百度等当代文化符号，且对当代政治认同高；但报告也指出，现大陆大学生存在一种隐性双重人格与流体型文化人格特征。

这份由北师大教授负责的大陆国家重点课题项目，是首次全面考察大陆大学生对文化符号认知与评价的报告。报告显示，最具代表性前十九项依次为：汉语（汉字）、孔子、书法、长城、五星红旗、中医、

---

① 顾犇：《关于诺贝尔与孔夫子的一些说明》，《中国文化研究》2002年第4期。

② 台湾《中央日报》1988年4月11日。

③ 台湾《联合报》2011年1月13日。

毛泽东、故宫、邓小平、兵马俑、黄河、《论语》、圆明园、文房四宝、敦煌莫高窟、《史记》、造纸术、古典诗词和京剧。[①]

五、【特派记者陈言乔 / 上海报道】大陆愈来愈重视中华传统文化，中共教育部今年将审定中小学“国学”标准化教材，9 月新学年开始在大陆全面选修使用。教材范围包括《三字经》《孙子兵法》《千字文》《声律启蒙》《中国古典诗词欣赏》《论语》《大学》《中庸》《孟子》《古文观止》等。[②]

解析

叔孙武叔、子贡对话时间，夫子似已辞别人世。但其超凡入圣智慧，绝世脱俗风采，在子贡灵魂已生根并茁壮成长。当听闻叔孙武叔诋毁仲尼，立即招致子贡抨击，似水库开闸。以日月喻夫子，妙！

日月恒在，惜时有云雾遮蔽。乃有苏东坡“人有悲欢离合，月有阴晴圆缺”之叹。循此理，孔子之道扬，即日月的晴、圆；孔子之道隐，即日月的阴、缺。从大自然观，对日月何伤？从历史长河看，于孔子何损？

两千年，于宇宙是刹那。孔子以古喻今，以今推未来，云散，雾尽，日月必将重照人间。

一、地球物理空间有限，人类心理空间无常：大，足吞宇宙；小，似针孔，唯智者知此理，扩张自己足以容天下的心理空间；压缩自己不侵凌他人的物理空间，才是人际关系和平共处的保障。如孔子的“不义而富且贵，于我如浮云”（《论语 · 述而》）；颜回的“一箪食，一瓢饮，在陋巷。人不堪其忧，回也不改其乐”（《论语 · 雍也》）。

---

① 台湾《中国时报》2011 年 1 月 5 日。
② 台湾《联合报》2015 年 1 月 10 日。

这就是孔子描绘的“礼运大同”世界。反之，小则人际冲突，大则人类危殆。

汉尼斯·阿尔文博士积研究“物理空间”心得，移植到人性的心理空间而悟识唯孔子“智慧”才是治疗人类免于毁灭的唯一良方。

大哉！他为人类找出生存的灵丹妙药：汲取孔子智慧。

二、海峡两岸在隔绝了四十年后，借“儒家思想可以抵制西方歪风”机会，打开彼此“心结”，让人振奋。如主办单位将题目改为“孔子智慧可以抵制西方歪风”，是否更为恰当？

复旦担任辩方，沿“文革”批孔余风，将“唯女子与小人为难养也！近之则不孙，远之则怨。”（《论语·阳货》）和“民可，使由之；不可，使知之”（《论语·泰伯》）认为孔子思想有愚民主义倾向，似乎他们对孔子了解，尚在孔门外，仅凭“道听途说”以为矛。我想，如有人把李世民杀李闯凑在一起编成故事，是否会成为畅销书？

三、“孔子回来了！”五个斗大的字嵌在今天台湾《联合报》头版，亮丽醒目，惊喜交加。我与《论语》相伴一生，不就在盼望这一天早点到来？

高 9.5 米，由青铜铸造的孔子雕像，终于重回人间，矗立在北京天安门，向后人指点迷津。听说孔子雕像在广场矗立一百天后，已迁进国家博物馆。

四、调查统计，大学生将孔子列为中国古今名人之冠，因他是人类最伟大的思想家，还是因他是人人都知道的名人？抑或因“文革”将孔子丑化、侮辱、诋毁后的反动？国人应深思。尤其是拥有“君子之德，风”的各级领导人，如何处理他们的反应？如将《论语》挪前排列在孔子之后，是否更为恰当？

五、自 1988 年汉尼斯·阿尔文博士宣称“人类要生存下去，就必须回到25个世纪以前，去汲取孔子的智慧”在相隔26年后的今天（2015年），我国在经历经济起飞中悟识，欲成为世界和平的中流砥柱，必须仰赖孔子智慧始克有成，由微而著，毅然宣布将以《论语》为首的国学纳入学校课程，远瞻，是我国之幸，亦是人类之福。

拾遗

每一个人一生都会面对两个不能逃避的问题，即“心理空间”与“物质空间”如何因境适时调整。

真正的智者、仁者、乐者、平安者、寿者，多半对心理空间企盼越大越好；而对“物质空间”则越小越妙；有饭吃，有衣穿，有屋居，知足。在《论语》，有四章与此有关：

《子路》篇：子谓卫公子荆：“善居室。始有，曰：‘苟合矣。’少有，曰：‘苟完矣。’富有，曰：‘苟美矣。’”

《述而》篇：子曰：“饭疏食，饮水，曲肱而枕之，乐亦在其中矣。不义而富且贵，于我如浮云。”

《里仁》篇：子曰：“富与贵，是人之所欲也；不以其道得之，不处（要）也。”

《子路》篇：子适卫，冉有仆。子曰：“庶乎哉！”冉有曰：“既庶矣，又何加焉？”曰：“富之。”曰：“既富矣，又何加？”曰：“教(明礼尚义)之。”

“智慧”，是孔子留与中华民族乃至人类最珍贵的文化遗产。汉尼斯·阿尔文研究“物质空间”有成，以之移在人的“心理空间”，发现唯孔子智慧才可以拯救人类免于核弹攻击的浩劫。孔子泉下有知，必说：“智不孤，必有邻”。

真孔子现，假孔子没，天佑人类。

第三章　中国王道（智慧）VS 西方霸道（聪明），胜负决定人类安危

子谓《韶》："尽美矣，又尽善也。"谓《武》："尽美矣，未尽善也。"（《论语·八佾》）

译文

孔子评论《韶》乐："音色华美，音质也好极了。"评论《武》乐："音色华美，音质不够好。"

臆解

中国政治家，尚"智慧"；西方政治家，重"聪明"。

相关资料

一、叶公问政。子曰："近者说（悦），远者来。"（《论语·子路》）

二、子之所慎：齐（斋）（祭祀）、战（战争）、疾（疾病）。（《论语·述而》）

三、南宫适问于孔子曰："羿善射，奡荡舟，俱不得其死然。禹、

稷躬稼，而有天下。”夫子不答。

南宫适出。子曰：“君子哉若人！尚德哉若人！”（《论语·宪问》）

四、卫灵公问陈（军事）于孔子。孔子对曰：“俎豆（礼乐、仁政）之事，则尝闻（知道）之矣；军旅之事，未之学也。”明日遂行。（《论语·卫灵公》）

解析

尧帝知舜贤能，乃将皇位禅让与舜，政通则人和，天下大治。盛世必有与天、地、人同和的至乐应时而兴，即《韶》乐。

孔子在《论语》三次提及《韶》乐，本章是其一，其他见《论语·卫灵公》：颜渊问为邦。子曰：“行夏之时（即今天农历），乘殷之辂，服周之冕，乐则《韶》舞。”《论语·述而》：子在齐闻《韶》，三月不知肉味。曰：“不图为乐之至于斯也！”

舜，是我国最早实行王道政治的典范；相对，武王以义军征伐商纣，但在征伐中，暴纣既已自尽，又何须“至纣死所。武王自射之，三发而后下车，以轻剑击之，以黄钺（斧头）斩纣头，悬大白之旗……”①。孔子以《武》“未尽善也”似指武王对待纣王过于残虐，致音乐有杀伐之气。

资料一至四，皆在印证孔子的理想政治，贵王道（我活，你活，大家活），贱霸道（我活你不活）。王道思想渊源，则是来自他深思远虑的智慧：今天我杀你，明天你的后代必杀我，冤冤相报何时休？尧、舜的禅让，即在彻底消除人欲于未萌。

---

① 《史记·周本纪》

拾遗

一、中国文化重智慧，尚王道，爱和平。

西方文明重聪明，尚霸道，好战争。

读中国史，社会动荡，多属内战。张三当皇帝久了，李四会唠叨，该换我享受了，项羽的“彼可取而代之”为代表。

再看西洋史则相反，多系侵略他国土地，屠杀其人民，或因宗教信仰而起，如11—13世纪的十字军东征。到19世纪，英国企图以鸦片亡我民族。继之，列强强入我国瓜分土地，到20世纪两次世界大战，我国受害最深，成了孙中山先生讲的“次殖民地”。20世纪30年代，日人狂称“三月亡华”，他为刀俎，我为鱼肉，数千万国人伤亡。进入21世纪，美日联手，意有“非我族类，必欲灭之”，让我战栗。

未来人类的走向，必然是孔子“智慧”与西方“聪明”双方站在叫“地球”的擂台上比赛。“智慧”胜，则人类存；“聪明”胜，人类亡。

二、五首诗，六个圆圈

1. 宋陆游八十四岁重温《论语》，写了一首《读论语》诗：

壮岁贪求未见书，归常充栋出连车；
晚窥阙里亲传妙，数简方知已有余。

大意：出门旅游，常载一车书为伴，回来又买了许多书。晚年再读《论语》，方知孔子几句话，胜过一车“经史子集”。为何到了八十四岁重温《论语》才得以入孔门一窥堂奥？是否与其将精力过度集中在诗集揣摩及其他国学研究有关？

2. 宋苏轼，晚年亦写了一首《洗儿》诗：

人皆养子望聪明，我被聪明误一生。
惟愿孩儿愚且鲁，无灾无难到公卿。

苏东坡智商特高，却未让其“智慧”与智商俱进，方有“我被聪明误一生”之叹。

3. 宋真宗《励学篇》诗：

富家不用买良田，书中自有千钟粟。

安居不用架高楼，书中自有黄金屋。

娶妻莫恨无良媒，书中自有颜如玉。

出门莫恨无人随，书中车马多如簇。

男儿欲遂平生志，五经勤向窗前读。

宋真宗景德元年，北方契丹南侵。群臣畏战，欲议和。殿前都指挥使（武官）高琼怒斥枢密院事冯拯，曰：“君以文章，致位两府，今敌骑充斥如此，犹责琼无礼，君何不赋一诗退敌邪！”（《续资治通鉴·宋纪二十五》），拿来与《励志诗》对证，知诗、文是那时当官终南捷径，孔子思想已入冷宫。

4. 乌鸡国皇后对太子疑父王系假国王，以“诗”代言：

三载之前温又暖，三年之后冷如冰。

枕边切切将言问，他说老迈身衰事不兴！

故事大意：文殊菩萨为报私仇，派坐骑青毛狮子变成全真道人，将乌鸡国王推入深井，再变成真国王的模样，与皇后享受人间富贵。真国王不甘被害，趁唐僧师徒路过托梦三藏搭救，悟空奉师命，从深井救出真国王，再赴天宫向太上老君讨得一粒还魂丹，救活真国王。假国王原形毕露，由文殊菩萨带回管束。从此，乌鸡王国家和国兴。（《西游记·第三十七至第四十回》）

真孔子政治理想，用孟子的话呈现，即“民为贵，社稷次之，君为轻”《孟子·尽心下》已具民主、人权雏形。所以不为古代帝王所喜，却为人民所爱，因而衍生嬴政焚书坑儒，及汉以后，假奉孔子系圣贤为名，行独裁享受荣华富贵之实，必然假孔子出，真孔子隐。

5. 苏轼《题西林壁》诗：

横看成岭（孔）侧成峰（宋），远近高低各不同。

不识庐山（孔子）真面目，只缘身在此山（假礼）中。

六十年前，我读不懂《论语》，与刘鹗在《老残游记·第九回》讲的“后世学儒的人，觉得孔孟的道理太费事，不如弄两句辟佛、老的口头禅，就算是圣人之徒，岂不省事。弄得朱夫子也出不了这个范围……以至于绝了”出现同一困惑，必须再被摔进社会尘埃，翻滚40年，才能磨掉假孔子外壳，一睹孔子真面目。

6. 六个圆圈（见图）

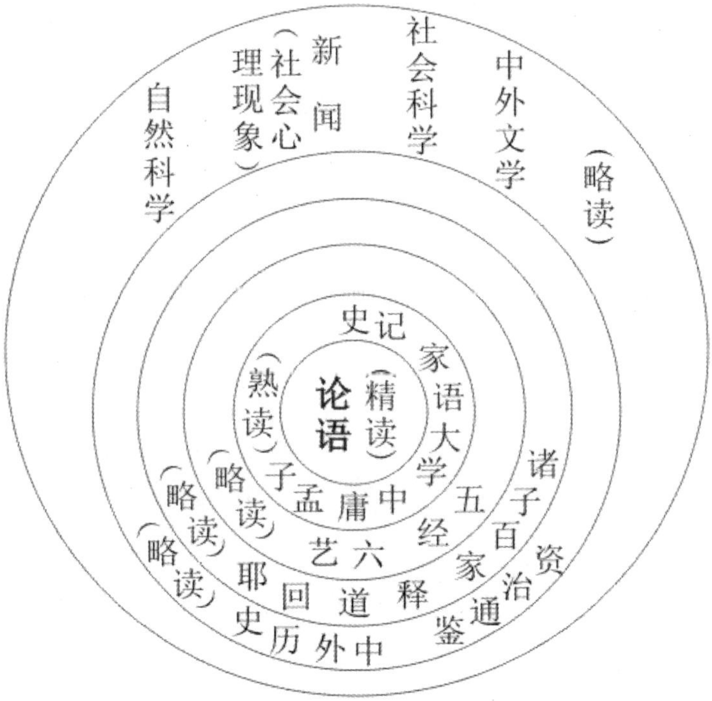

人的生命有限，而国学浩如烟海，等你浏览完国学，已是黄泉野鬼。于是，我将“国学”划分为“约”“博”两部分，在“约”多下功夫：于“博”，知其大概即可，亦与《大学》“物有本末、事有终始，知所先后，则近道矣”符。

在我完成最后一部著作之际要特别感谢：范小冲董事长，李文明校长，董兴新主任，周显军主任，高宏存教授，戴大明老师，向红弟子，程丽华女士。四部拙著《我与论语——桃花源游记》《享受论语》《论语与生活》《真假孔子》都是从生活角度阐发我对贯穿《论语》全书的心得。敬请读者批评、指正。